Daniela Niebisch

Deutsch üben

Phonetik – Übungen und Tipps für eine gute Aussprache B1

Buch mit Audios online und App mit Videos

Hueber Verlag

Cover und Rücktitel: © Getty Images/E+/gradyreese
Zeichnungen: Irmtraud Guhe, München

Inhalt der MP3-Dateien zum Buch:

Sprecher: Dascha von Waberer, Peter Veit
Produktion: Scheune München mediaproduction GmbH, 80797 München, Deutschland

Der kostenlose MP3-Download zum Buch ist unter
www.hueber.de/audioservice erhältlich.
Weitere Informationen zur App finden Sie unter
http://go.hueber.de/ar-apps

Wir danken Frau Leonore Spiegel für die fachliche Beratung.

3. 2. 1. | Die letzten Ziffern
2025 24 23 22 21 | bezeichnen Zahl und Jahr des Druckes.
Alle Drucke dieser Auflage können, da unverändert, nebeneinander benutzt werden.
1. Auflage

Layout und Satz: Sieveking • Agentur für Kommunikation, München
Verlagsredaktion: Elisa Klüber und Katharina Zurek, Hueber Verlag, München
Druck und Bindung: Friedrich Pustet GmbH & Co. KG, Regensburg
Printed in Germany
ISBN 978–3–19–037493–9

Art. 530_26588_001_01

Inhalt

Vorwort

Liebe Lernende,

Deutsch üben **Phonetik – Übungen und Tipps für eine gute Aussprache B1** ist ein Übungsbuch für Lernende mit Vorkenntnissen auf dem Niveau B1 zum selbstständigen Training der Aussprache und zur Verbesserung des Sprechens.

In diesem Buch werden die relevanten Themen der Phonetik aufgegriffen: **Teil A** erklärt die korrekte Betonung von Wörtern und in Sätzen. **Teil B** behandelt die Vokale, **Teil C** die Konsonanten.

Plakative Hörbilder und Mini-Dialoge zeigen Missverständnisse, die durch eine falsche Aussprache entstehen können und sensibilisieren für die Wichtigkeit einer guten Aussprache.

Die Übungen orientieren sich in Grammatik, Wortschatz und kommunikativen Situationen an den Inhalten, die in B1-Lehrwerken üblicherweise vermittelt werden. Kreative Übungsformen wie Gedichte und Zungenbrecher sorgen für Abwechslung.

Alle Wörter und Dialoge können Sie unter www.hueber.de/audioservice/ anhören und kostenlos herunterladen. So haben Sie ein Muster für die korrekte Aussprache. Außerdem werden Sie durch einfache Erklärungen und praktische Tipps sowie anschauliche Videos unterstützt, die Sie über die kostenlose App abrufen können.
Weitere Informationen zur App finden Sie unter http://go.hueber.de/ar-apps.

Die Lösungen zu den Übungen sowie die Hörtexte finden Sie im Anhang des Buches.
Viel Spaß beim Üben!

Autorin und Verlag

!	Regel	▶ 1.01	Track	• der
				• die
	Tipp	01	Video	• das
	Vorsicht			• die (Plural)

A

A1 Wortakzent

▶ 1.01 1 Richtig ausgesprochen?

Was sagt der Mann? Was meint er? Hören Sie und kreuzen Sie an.

Er sagt: ☐ im Meer ☐ immer
Er meint: ☐ im Meer ☐ immer

2 Aus Politik und Gesellschaft

a Was meinen Sie: Auf welcher Silbe betont man die Wörter? Markieren Sie.

• Kanzler • Partei wählen • Regierung regieren liberal europäisch • Union • Mehrheit • Bürgermeister versprechen • Nationalfeiertag gewinnen einführen • Einführung

▶ 1.02 **b** Hören Sie und kontrollieren Sie Ihre Lösung. Wiederholen Sie dann.

c Ordnen Sie die Wörter aus **a** der passenden Regel zu.

1 Viele deutsche Wörter betont man auf der ersten Silbe: *wählen*

2 Bei Komposita bestimmt die Betonung des ersten Wortes die Betonung insgesamt: ____________, ____________

3 Bei trennbaren Verben und abgeleiteten Nomen ist die Betonung auf dem Präfix: ____________, ____________

4 Die nicht trennbaren Präfixe *be-, ent-, er-, ge-, ver-, zer-* sind nicht betont: ____________, ____________

5 Deutsche Suffixe *(-chen, -(l)er, -ig, -lich, -isch, -heit, -keit ...)* sind nicht betont: *Kanzler*, ____________, ____________

6 Die meisten Suffixe aus dem Lateinischen oder Griechischen *(-al, -ent, -tät, -(t)ion, -ur ...)* sowie *-ei* sind betont: Partei, ______________________,

____

7 Verben auf *-ieren* und abgeleitete Nomen betont man auf *-ie-*: Regierung, ______________________

3 Reiseapotheke

▶ 1.03 **a** Hören Sie und markieren Sie die Betonung.

• Schere • Verband • Schmerzmittel • Insektenschutz • Thermometer • Pinzette

▶ 1.04 **b** Welches Wort „hören" Sie zuerst, welches Wort dann? Notieren Sie.

___ • Schere ___ • Verband ___ • Schmerzmittel ___ • Insektenschutz ___ • Thermometer _1_ • Pinzette

c Hören Sie die Wörter aus **a** noch einmal und wiederholen Sie.

Es gibt nur wenige Regeln für die Wortbetonung. Eine korrekte Betonung ist aber wichtig für eine erfolgreiche Kommunikation. Üben Sie, indem Sie bei neuen Wörtern die betonte Silbe markieren und indem Sie die Wörter klatschen. ▣ 01

4 Brückenwörter

a Welches Wort bildet sowohl mit dem linken Wort als auch mit dem rechten Wort ein Kompositum? Ordnen Sie zu.

• Braten • ~~Kaffee~~ • Saft • Salat • Wasser

1 • Milch Kaffee • Löffel
2 • Tee ____________ • Kocher
3 • Kartoffel ____________ • Besteck
4 • Schweine ____________ • Soße
5 • Apfel ____________ • Flasche

▶ 1.05 **b** Hören Sie und wiederholen Sie.

5 Wortbildung

a Bilden Sie Wörter und verbinden Sie.

1 • Freund	a bar
2 un-	b heit
3 zufrieden	c schaft
4 • Dank	d • Verständnis
5 • Wolken	e • Glück
6 miss-	f los

Die Präfixe *un-* und *miss-* sind betont.

▶ 1.06 **b** Hören Sie und wiederholen Sie.

6 Drunter und Drüber

a Ergänzen Sie.

1 *überschreiben*	• Überschrift
2 übersetzen	• ______
3 ______	• Unterhaltung
4 ______	• Unterschied
5 ______	• Umzug
6 umarmen	• ______

Die Präfixe *über-*, *um-* und *unter-* können betont oder unbetont sein.

▶ 1.07 **b** Hören Sie und wiederholen Sie.

7 Buchstabenwörter

▶ 1.08 **a** Hören Sie und wiederholen Sie.

• USA • TV • Lkw • VW • DDR • EG

b Ordnen Sie die Wörter aus **a** zu.

1 Der *VW*-Golf ist eines der meistverkauften Autos der Welt.
2 ______, OG und DG zeigen die Stockwerke in einem Haus an.
3 Haben die ______-Sender in Zeiten von Streamingdiensten noch eine Chance?
4 Von 1949 bis 1990 gab es zwei deutsche Staaten: BRD (Bundesrepublik Deutschland) und ______ (Deutsche Demokratische Republik).
5 Wenn jemand aus den Vereinigten Staaten Amerikas kommt, dann kommt er aus den ______.
6 Deutschlands Autobahnen sind voll mit ______.

Buchstabenwörter betont man auf dem letzten Buchstaben. Ausnahme:
• **L**kw (Lastkraftwagen), • **P**kw (Personenkraftwagen = • Auto)
In der Schweiz werden Buchstabenwörter auf dem ersten Buchstaben betont.

8 Tierliebe

a Markieren Sie die betonte Silbe in den Tiernamen.

Meerschweinchen, Kaninchen, Hunde und Katzen
mag ich am liebsten, wenn sie nicht kratzen.
Affen, Löwen, Giraffen und Elefanten,
exotische Tiere in allen Varianten!
Pferde, Schweine, Kühe, Schafe,
davon träum´ ich, wenn ich schlafe.
Schmetterlinge, Mücken, Fliegen, Bienen,
wer sagt, dass Insekten uns nicht dienen?
Schildkröten, Krokodile und Schlangen,
damit kann ich nichts anfangen.

▶ 1.09 **b** Hören Sie und lesen Sie mit.

c Hören Sie noch einmal und sprechen Sie leise mit.

9 Charaktereigenschaften

a Finden Sie noch fünf Charaktereigenschaften in der Buchstabenschlange und notieren Sie.

prordentlichabikreativinmutigschavernünftigruverkritischligurgehumorvollner

ordentlich, ______________________________

____

b Markieren Sie die betonte Silbe in den Adjektiven.

▶ 1.10 **c** Hören Sie die Frage und antworten Sie mit den Adjektiven aus **a**.
Hören Sie zuerst ein Beispiel.

● Wie würdest du dich beschreiben?
▲ Als einen ordentlichen Menschen.

A2 Satzakzent und Rhythmus

1 Tagesablauf eines Briefträgers

▶ 1.11 **a** Hören Sie und lesen Sie mit.

Ich bin **Brief**träger von Beruf. Manche sagen auch „**Post**bote". Offizi**ell** heißt mein Beruf „**Brief**zusteller". An **fünf** Tagen pro Woche fahre ich die Post in meinem **Vier**tel aus. Doch **vor**her fahre ich in die **Post**stelle und sortiere meine **Brie**fe. Dann packe ich die gelben Kisten auf mein **Fahr**rad und fahre **los**. An **ru**higen Tagen sind es **sechs** Kisten. Aber es können auch **viel mehr** sein: Vor **Weih**nachten fahre ich bis zu **ei**ner Tonne Post pro Woche aus! Etwa **sie**ben Stunden bin ich täglich mit meinem **Rad** unterwegs, bei **je**dem Wetter. Das macht mir nichts **aus**, denn ich bin **gern** draußen. Den **gan**zen Tag in einem Bü**ro**, das wäre **nichts** für mich. Und **noch** einen Vorteil hat die viele Bewegung: Ich kann **es**sen, so viel ich **will**. **Dick** werde ich nicht.

b Lesen und sprechen Sie den Text jetzt selbst. Achten Sie auf die **fetten** Silben.

!

Wörter, die semantisch zusammengehören, bilden eine rhythmische Wortgruppe.
- Man spricht eine Wortgruppe ohne Pause.
- Auch Sätze können eine Wortgruppe bilden: Ich bin **Brief**träger von Beruf.
- Sätze kann man in mehrere rhythmische Gruppen teilen, besonders wenn die Sätze länger sind: An **fünf** Tagen pro Woche | fahre ich die Post in meinem **Vier**tel aus. |

- Je emotionaler, desto mehr kann betont werden: Aber es können auch **viel mehr** sein.

Wer spricht, entscheidet, welche Silben/Wörter betont werden und wie viele. Achten Sie darauf, nicht zu viel zu betonen. Normalerweise werden nur Wörter, die eine wichtige Bedeutung haben, betont. Das sind meistens Nomen und Verben oder auch Adjektive, nur selten Präpositionen und Konjunktionen.

2 Einen Anzug kaufen

▶ 1.12 **a** Hören Sie und markieren Sie die betonten Silben.

- Guten Tag. Was kann ich für Sie tun?
- ▲ Ich möchte mir einen neuen Anzug anschaffen. Könnten Sie mich bitte beraten?
- Sehr gern. Woran haben Sie denn gedacht? Soll es ein Anzug fürs Büro sein oder etwas Elegantes für eine Hochzeit?
- ▲ Ich brauche ihn für meine Geschäftsreisen.
- In dem Fall empfehle ich Ihnen diesen Anzug hier. Fühlen Sie mal den Stoff. Die Qualität ist ausgezeichnet. Und Sie müssen den Anzug nicht bügeln. Das ist sehr praktisch auf Reisen! Wollen Sie ihn einmal anprobieren?
- ▲ Gern. Haben Sie auch ein passendes Hemd für mich?
- Wie wäre es mit diesem rosa Hemd?
- ▲ Rosa? Ich weiß nicht, ob das für einen Mann passt.
- Aber ich bitte Sie! Rosa ist total in. Außerdem passt die Farbe ganz wunderbar zu Ihrer Augenfarbe.

…

- ▲ Gut. Ich nehme den Anzug.
- Eine gute Entscheidung. Wenn Sie mir bitte zur Kasse folgen …

b Lesen und sprechen Sie den Dialog.

Betonte Silben muss man mit Kraft und Energie sprechen! Klopfen Sie bei betonten Silben auf den Tisch oder stampfen Sie mit dem Fuß.

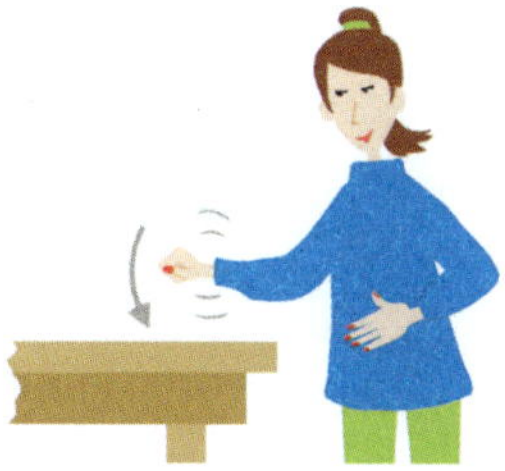

3 Eine Präsentation halten

a Stellen Sie sich vor, Sie möchten das *Zertifikat B1* machen und sollen eine Präsentation halten. Welche Silben/Wörter würden Sie betonen? Markieren Sie.

In meiner Präsentation geht es um das Thema: „Brauchen wir das Bargeld noch?“ Zuerst möchte ich von der Situation in meinem Heimatland berichten und sie mit Deutschland vergleichen. Dabei gebe ich auch ein persönliches Beispiel. Anschließend gehe ich auf die Vorteile und Nachteile von Bargeld ein. Am Schluss können Sie natürlich Fragen stellen.
Ich komme nun zum ersten Punkt: …

▶ 1.13 **b** Hören Sie und vergleichen Sie mit Ihrer Lösung.

A

4 Kennenlernen

▶ 1.14 **a** Hören Sie und markieren Sie die am meisten betonte Silbe.

1 Linda hat ihren Mann vor drei Jahren auf der Hochzeit ihrer Freundin kennengelernt.
2 Linda hat ihren Mann vor drei Jahren auf der Hochzeit ihrer Freundin kennengelernt.
3 Linda hat ihren Mann vor drei Jahren auf der Hochzeit ihrer Freundin kennengelernt.
4 Linda hat ihren Mann vor drei Jahren auf der Hochzeit ihrer Freundin kennengelernt.
5 Linda hat ihren Mann vor drei Jahren auf der Hochzeit ihrer Freundin kennengelernt.

▶ 1.15 **b** Hören Sie und antworten Sie mit den Sätzen aus **a**. Hören Sie zuerst ein Beispiel.

● Linda hat ihren Mann vor drei Jahren auf der Hochzeit ihrer **Schwes**ter kennengelernt, richtig?
▲ Linda hat ihren Mann vor drei Jahren auf der Hochzeit ihrer **Freun**din kennengelernt.

! Durch Betonung kann man etwas korrigieren oder besonders deutlich machen.

5 Sprichwörter

▶ 1.16 **a** Hören Sie und zeichnen Sie Bögen über das, was man ohne Pause sprechen sollte.

1 **Hun**de, die **bel**len, **bei**ßen nicht.
2 Es wird **nichts** so heiß gegessen, wie es ge**kocht** wird.
3 Wer **A** sagt, muss auch **B** sagen.
4 Es ist nicht alles **Gold**, was **glänzt**.
5 Wo **Rauch** ist, ist auch **Feu**er.
6 Wer **ein**mal lügt, dem **glaubt** man nicht, und wenn er auch die **Wahr**heit spricht.

Pausen strukturieren Äußerungen. Aber: Was zusammengehört, muss man ohne Pause sprechen!

b Was bedeuten die Sprichwörter? Schreiben Sie die Nummer zur passenden Erklärung.

a Wenn man etwas beginnt, muss man auch weitermachen. _____
b In jeder Nachricht steckt ein Stück Wahrheit. _____
c Wer nicht die Wahrheit sagt, verliert das Vertrauen anderer. _____
d Die, die am lautesten schimpfen, sind in Wirklichkeit meist ungefährlich. _____
e Es ist nicht alles so, wie es scheint. _____
f Man stellt sich vieles schlimmer vor, als es dann tatsächlich ist. _____

!

Hier <u>muss</u> man Pausen machen:

- bei jedem Satzzeichen (Komma, Punkt, Fragezeichen ...): Hunde, | die bellen, | beißen nicht. |
- vor *und, oder* und zweiteiligen Konnektoren, wenn ein neuer Satz / eine neue Wortgruppe beginnt: Soll es ein Anzug fürs Büro sein | oder etwas Elegantes für eine Hochzeit? | Er hat weder Zeit für ein Frühstück | noch kann er so früh am Morgen etwas essen. |
- bei Aufzählungen: Egal, | ob Hitze, | Regen, | Sturm oder Schnee, | ich bin gern draußen. |

Hier <u>kann</u> man Pausen machen:

- zwischen Wortgruppen, besonders wenn sie länger sind: Während der stressigen Besprechungen am Vormittag (|) trinkt er nur Kaffee. |

6 Schlechte Essgewohnheiten

a Wo muss man Pausen machen? Wo sind weitere Pausen möglich? Markieren Sie mit | oder (|).

Vor der Arbeit (|) hat Martin weder Zeit für ein Frühstück | noch kann er so früh am Morgen etwas essen. | Aus diesem Grund frühstückt er nicht, sondern holt sich unterwegs etwas beim Bäcker. Während der stressigen Besprechungen am Vormittag trinkt er nur Kaffee. Ab und zu isst er ein Stück Schokolade. In seiner Mittagspause läuft er schnell zum Kiosk und isst eine Bratwurst. Während des Essens liest und schreibt er Nachrichten am Handy. Nach einem langen, langen Arbeitstag ist Martin zu müde zum Kochen. Er kauft sich entweder ein Fertiggericht im Supermarkt oder geht ins Schnellrestaurant.

▶ 1.17 **b** Hören Sie ein Beispiel und vergleichen Sie mit Ihrer Lösung.

7 Eine Textnachricht

a Schreiben Sie die Nachricht richtig. Ergänzen Sie Komma (,), Fragezeichen (?) und Punkt (.), wo nötig.

BISTDUHEUTEZUHAUSEICHBEKOMMEEIN
PAKETLEIDERKANNICHESNICHT
ANNEHMENWEILICHARBEITENMUSS
SEIDOCHBITTESONETTUNDNIMMES
FÜRMICHANVIELENDANKFÜRDEINEHILFE

Bist du

b Markieren Sie die Pausen im Text mit | und sprechen Sie den Text.

A

8 Sinnvolle Pausen

> Pausen können die Bedeutung einer Äußerung verändern.

▶ 1.18 **a** Welchen Satz hören Sie zuerst, welchen dann? Nummerieren Sie.

1 [2] Die Enkel versprechen **O**ma, | regelmäßig **an**zurufen. |
[1] Die Enkel ver**spre**chen, | **O**ma regelmäßig anzurufen. |

2 [ ] James Bond **hei**ratet demnächst, Miss **Mo**neypenny.
[ ] James Bond heiratet demnächst Miss **Mo**neypenny.

3 [ ] Meine **Toch**ter, sagt meine **Mut**ter, ist ein **En**gel.
[ ] Meine **Toch**ter sagt, meine Mutter ist ein **En**gel.

4 [ ] Es ist oft nicht **leicht** für faule Menschen, eine passende **Ar**beit zu finden.
[ ] Es ist oft nicht **leicht**, für **fau**le Menschen eine passende **Ar**beit zu finden.

5 [ ] Medikamente helfen **nicht**, **nur** für den Mo**ment**.
[ ] Medikamente **hel**fen, **nicht** nur für den Moment.

6 [ ] Der Professor empfiehlt dem Stu**den**ten, kor**rekt** zu antworten.
[ ] Der Professor emp**fiehlt**, dem Studenten kor**rekt** zu antworten.

b Markieren Sie die Pausen in **a** mit |.

9 Pläne für den Tag

a Ergänzen Sie Komma (,), Fragezeichen (?) und Punkt (.), wo nötig.

Ein Walfisch und ein Thunfisch treffen sich im Meer. Da fragt der Walfisch: „Was wollen wir heute tun Fisch " Der Thunfisch antwortet: „Du hast die Wahl Fisch"

b Welche Wörter/Silben sollte man Ihrer Meinung nach betonen? Markieren Sie.

▶ 1.19 **c** Hören Sie und vergleichen Sie mit Ihrer Lösung.

d Lesen und sprechen Sie den Text.

A3 Melodie

1 Nur ein kurzer Besuch

▶ 1.20 **a** Hören Sie den Dialog und lesen Sie mit.

- **Schön** →, dass ihr **da** seid. ↓ Kommt doch **rein**! ↓ Was darf ich euch zu **trin**ken anbieten? ↓ Ein Gläschen **Sekt** vielleicht? ↑
- Wenn es **mög**lich ist →, würde ich lieber etwas Alko**hol**freies trinken. ↓
- Ich habe **Was**ser →, **Oran**gensaft → und alkoholfreies **Bier** da. ↓
- Ich nehme ein **Was**ser. ↓
- Und was darf ich **dir** zu trinken anbieten? ↑ Einen **Sekt** ↗ oder auch lieber etwas Alko**hol**freies? ↓
- Für mich darf es gern ein **Sekt** sein. ↓
- Ist hier irgendwo eine **Kat**ze? ↑
- **Ei**ne? ↑ Ich habe **vier** Katzen. ↓
- O**je**! ↓ Ich habe eine **Kat**zenhaarallergie. ↓
- **Was** hast du? ↑
- Eine Allergie gegen **Kat**zen. ↓ Wir müssen leider so**fort** gehen. ↓
- Wie **scha**de! ↓

b Ergänzen Sie die Regeln mit *einem* Beispiel aus dem Dialog in **a**.

Die Melodie fällt am (Satz-)Ende ↓

1 in Aussagen: ______________________________

2 bei Bitten und Aufforderungen (Imperativ): ______________________________

3 bei emotionalen Ausrufen: ______________________________

4 bei W-Fragen mit neutraler Betonung: ______________________________

Die Melodie steigt am (Satz-)Ende ↑

1 in Fragen ohne Fragewort: ______________________________

2 in W-Fragen, wenn man sich versichert, ob man richtig verstanden hat:

____

3 in W-Fragen, wenn eine Frage (mehrfach) wiederholt wird:

Und was darf ich dir zu trinken anbieten?

In Alternativfragen mit *oder* steigt die Melodie zuerst etwas ↗ und fällt am Ende ↓:

____

Die Melodie wird gehalten →, solange man weitersprechen will, und fällt erst am Satz-Ende ↓

1 bei Aufzählungen: ______________________________

2 vor und nach Nebensätzen: *Schön, dass ihr da seid.*

A

2 Eine Nachricht auf der Mailbox

a Lesen Sie Leons Nachricht und ergänzen Sie die Satzzeichen: Punkt (.), Fragezeichen (?) oder Komma (,), wo nötig.

Hallo , → hier ist **Le**on . ↓ **Scha**de ____ ____ dass du nicht er**reich**bar bist ____ ____ Du **weißt** ja ____ ____ dass ich seit ein paar Monaten in **Eng**land studiere ____ ____ Leider fühle ich mich nicht besonders **wohl** hier ____ → und habe schreckliches **Heim**weh ____ ____ Jetzt habe ich ein **su**per Angebot von meinem Professor in **Tü**bingen erhalten ____ ____ Soll ich das Semester zu **En**de machen ____ ____ oder das **Job**angebot annehmen ____ ____ Was **rätst** du mir ____ ____ Melde dich bitte **schnell** ____ ____

▶ 1.21 **b** Hören Sie und markieren Sie die Melodie mit ↓, ↑, → oder ↗.

c Lesen und sprechen Sie die Nachricht.

Das Fallen der Stimme am Satzende ist sehr typisch für die deutsche Intonation. Wenn Sie kompetent wirken wollen, achten Sie darauf, die Stimme am Ende erkennbar zu senken. Wer zu weit oben bleibt oder mit Frage-Intonation spricht, wird häufig unterbrochen. So finden Sie eine tiefe Stimme:

- Gähnen Sie. Das entspannt die Stimmmuskulatur und die Stimme wird klarer und oft auch tiefer.
- Atmen Sie ruhig. Brummen Sie beim Ausatmen „Mmmm". Achten Sie auf den Ton. Er ist Ihr tiefer Ton. Sprechen Sie mit dieser Stimme.

3 Mit Emotion, bitte!

▶ 1.22 Sie hören jeden Satz zweimal. Welche Version klingt freundlich? Welche klingt unfreundlich? Nummerieren Sie.

	freundlich	unfreundlich
1 Zieh bitte deine Schuhe aus.	2	1
2 Stell deine Schuhe doch bitte in den Schuhschrank.	____	____
3 Häng deine Jacke an die Garderobe.	____	____
4 Machst du bitte die Tür zu?	____	____
5 Würdest du den Tisch decken?	____	____
6 Warum sagst du nichts?	____	____

Mithilfe von Melodie und Betonung kann man Emotionen zeigen: Freundlichkeit oder Unfreundlichkeit, Höflichkeit oder Unhöflichkeit, Sicherheit oder Unsicherheit ...

4 Relativsätze: Freunde

a Machen Sie aus den beiden Sätzen *einen* Satz wie im Beispiel.

1 Ein guter Freund ist ein Mensch. ↓ Er hilft in schwierigen Situationen. ↓
Ein guter Freund ist ein Mensch →, der in schwierigen Situationen hilft. ↓

2 Ich wünsche mir einen Freund. ___ Ich kann mich auf ihn verlassen. ___

____

3 Man sollte Freunde haben. ___ Man kann sie um Rat bitten. ___

____

4 Hast du eine Freundin? ___ Du würdest ihr sogar Geld leihen. ___

____

5 Bei Freundschaft denke ich an Linus. ___ Ich kenne ihn seit dem Kindergarten. ___

____

6 Hanne und Hannes sind gute Freunde. ___ Ich verbringe gern Zeit mit ihnen. ___

____

b Markieren Sie die Melodie mit ↓, ↑ oder → in **a**.

▶ 1.23 **c** Hören Sie und kontrollieren Sie Ihre Lösung. Wiederholen Sie dann.

5 Mit Emotion, bitte: Alles nicht so schlimm!

▶ 1.24 **a** Welcher der beiden Sätze wird gebrummt? Hören Sie und kreuzen Sie an.

1	☒ ● Das war so **pein**lich!	☐ ▲ Alles halb so **schlimm**.
2	☐ ● Meinst du **wirk**lich?	☐ ▲ Ich bin **ganz** sicher.
3	☐ ▲ Das kann doch **je**dem mal passieren.	☐ ● Es ist mir wirklich **un**angenehm.
4	☐ ▲ **Re**den wir nicht mehr davon.	☐ ● Ich **schä**me mich so.
5	☐ ▲ Jetzt **hör** aber auf!	☐ ● Ja, ja, schon **gut**.

▶ 1.25 **b** Hören Sie das Gespräch und lesen Sie in **a** mit.

c Lesen und sprechen Sie den Dialog mit viel Emotion.

> **!** Die meistbetonte Silbe in einer Äußerung ist am höchsten oder am tiefsten.

6 Speed-Dating

1.26 **a** Hören Sie den Dialog und lesen Sie mit.

- ● Ich bin **In**go, 30 **Jah**re und **Ma**nager von Beruf. Ich fliege um die **gan**ze Welt.
- ▲ Das klingt **span**nend. Hast du auch **Hob**bys?
- ● **Klar**! **Fit**nesstraining, **Jo**ggen, **Rad**fahren, **Klet**tern und **Gol**fen.
- ▲ Und was machst du im **Ur**laub so? Verreist du dann **auch** oder bist du lieber zu **Hau**se?
- ● Eigentlich bin ich **im**mer unterwegs. Es macht mir **Spaß**, etwas zu er**le**ben.
- ▲ **Wie** stellst du dir deine zukünftige **Part**nerin vor?
- ● Ich suche eine **Part**nerin, die **auch** nie Zeit hat.

b Lesen und sprechen Sie den Dialog.

Zeichnen Sie die Melodie mit der Hand mit, wenn Sie sprechen. Sehen Sie sich auch das Video an. 02

Oder machen Sie Gymnastik: Stehen Sie locker in den Knien.

Strecken Sie die Knie, wenn die Stimme beim Satzakzent nach oben geht.

Beugen Sie die Knie, wenn die Stimme beim Satzakzent nach unten geht.

B1 Lange und kurze Vokale

1 Richtig ausgesprochen?

▶ 2.01 Was sagt der Mann? Was meint er? Hören Sie und kreuzen Sie an.

Er sagt: ☐ Staat
☐ Stadt

Er meint: ☐ Staat
☐ Stadt

2 Lang und kurz sind nicht gleich

▶ 2.02 **a** Welches Wort hören Sie zuerst, welches als Zweites? Nummerieren Sie.

1	● Nase	2	nass	1
2	● Säge	___	● Säcke	___
3	beten	___	● Betten	___
4	siezen	___	sitzen	___
5	wohl	___	● Wolle	___
6	● Öfen	___	öffnen	___
7	● Kuchen	___	gucken	___
8	fühlen	___	füllen	___

! Lange und kurze Vokale klingen nicht gleich. Vergleichen Sie: b**e**ten (langes geschlossenes e) – ● B**e**tten (kurzes offenes e). → Kapitel B3–B6

Nur **a** und **ä** klingen in der langen und kurzen Form jeweils gleich. → Kapitel B2

b Hören Sie noch einmal und wiederholen Sie.

▶ 2.03 **c** Hören Sie und ergänzen Sie.

1 Steck deine Nase nicht in Sachen, die dich nichts angehen.
2 Wir ____________ die Waschmaschine mit Pullovern aus ____________.
3 Ich ____________ mich heute nicht ____________.
4 Wir haben gestern ____________ Wäsche in ____________ gesteckt.
5 Im Herbst an warmen ____________ ____________ – das tut gut.
6 Morgens ____________ wir die Fenster und machen die ____________.
7 Der ____________ ist aber sehr hart geworden. Den muss man ja mit einer ________ schneiden.

In vielen Wörterbüchern für Deutsch als Fremdsprache wird die Wortbetonung so angegeben:
- Unterstreichung für langer Vokal: ● Nase
- Punkt für kurzer Vokal: nass

3 Eva räumt ihr Büro auf

a Ist der betonte Vokal der Gegenstände lang oder kurz? Markieren Sie die betonte Silbe und sortieren Sie die Gegenstände nach Vokallänge.

• Kalender • Kugelschreiber • Papier • Stift • Bücher • Schere • Ordner • Fotos • Unterlagen • Abfall • Lexikon

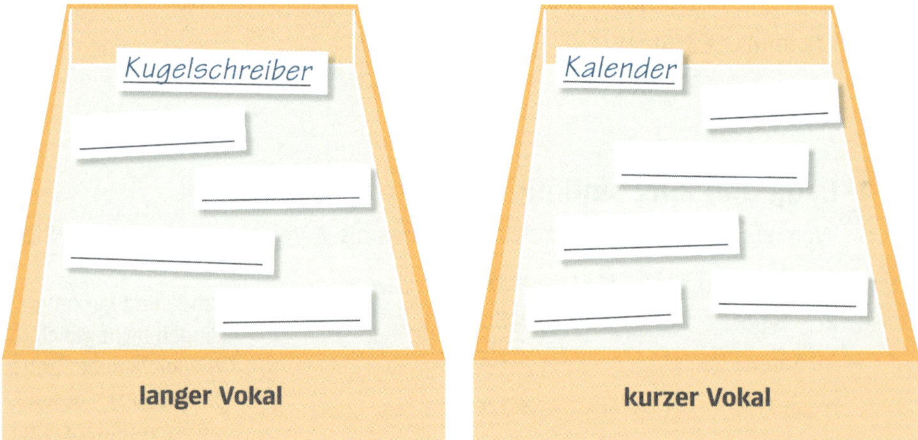

▶ 2.04 **b** Hören Sie und wiederholen Sie.

!

Die Schreibweise hilft oft zu erkennen, ob man den Vokal lang oder kurz sprechen muss.

Der betonte Vokal wird kurz gesprochen

- vor einem Doppelkonsonanten: • Be**tt**, • Wo**ll**e
- vor zwei oder mehr Konsonanten: • Sti**ft**, • He**rbst**
- wenn eine Silbe mit Konsonant(en) endet: • Kal**en**der
- vor *x*: • Le**x**ikon
- vor *ng*: hä**ng**en
- meistens vor *sch* und *st*: • Wä**sch**e, ge**st**ern

Der betonte Vokal wird lang gesprochen:

- vor einem Konsonanten, wenn danach wieder ein Vokal folgt: • Sch**ere**
- bei einem doppelt geschriebenen Vokal: • St**aa**t
- bei *ie* = langes *i*: • Pap**ie**r
- vor *h* (+ *l*, *m*, *n*, *r*): wo**hl**

Der Vokal vor *ch* wird kurz oder lang gesprochen: • Sa**ch**e (kurz), • Bu**ch** (lang)

Üben Sie die langen und kurzen Vokale mithilfe eines Gummibands. Sehen Sie sich auch das Video an. ▣ 03

4 Probleme auf dem Wohnungsmarkt

▶ 2.05 **a** Doppelkonsonant oder *h* + Konsonant? Hören Sie und ergänzen Sie.

Deutschland ist ein Mieterland, de*nn* im Vergleich zu anderen Ländern wo*hn*en viele Menschen zur Miete. Das Problem: Die Mieten haben sich stark erhö___. Me___ als die Hälfte i___es Einko___ens mü___en viele Mieter dafür ausgeben. Betro___en sind vor a___em die Mieter in den Großstädten. Dorthin ziehen i___er me___ Menschen, soda___ die Nachfrage oft größer ist als das Angebot. Beza___bare Wo___ungen fe___en häufig.

b Lesen und sprechen Sie den Text.

> Doppelkonsonanten spricht man als <u>einen</u> Konsonanten.
>
> ~~Einkom-men~~ Einko-men

> Der Vokal vor *ß* wird lang gesprochen: Gro**ß**städte **!**

5 Der verlorene Hut

▶ 2.06 **a** Ist der betonte Vokal lang oder kurz? Hören Sie und markieren Sie lang (__) und kurz (.).

ab dem dir das er für grün • Hut in mit • Mut
los nur rot schon was weg • Weg wir zum • Zug

b Hören Sie noch einmal und wiederholen Sie.

c Lesen und sprechen Sie den Dialog.

- ▲ Oje!
- ● Was ist los?
- ▲ Mein Hut ist weg. Ich muss ihn auf dem Weg zum Zug verloren haben.
- ● Ich helfe dir suchen. Wie sieht er denn aus?
- ▲ Er ist grün mit roten Punkten.
- ● Hoffentlich finden wir ihn schnell. Unser Zug fährt in zehn Minuten ab.
- ▲ Nur Mut, das schaffen wir schon.
- ● Was für ein Tag!

> **!** In Wörtern mit nur <u>einer</u> Silbe und nur <u>einem</u> Konsonanten am Ende kann der Vokal lang oder kurz sein.
>
> – In Wörtern, die man erweitern kann, wird der Vokal lang gesprochen: • **Weg** – • **Wege**, **rot** – **roten**
>
> – In Wörtern, die man nicht erweitern kann, wird der Vokal meistens kurz gesprochen: **weg**, **mit**. Aber es gibt einige Ausnahmen mit langem Vokal (**los**, **dem**, **wir** ...). Deshalb ist es am besten, die korrekte Aussprache der nicht erweiterbaren Wörter auswendig zu lernen.

6 Beim Zahnarzt

▶ 2.07 **a** Hören Sie und lesen Sie mit.

Herr **Matze** hatte einen Termin beim Zahnarzt. Er hängte seine **Jacke** an den **Haken** und nahm **Platz**. „**Jetzt** den Mund weit öffnen“, verlangte der Zahnarzt. „Der Zahn ist kaputt, wir müssen ihn ziehen. Ich gebe Ihnen eine **Spritze**.“ Herr **Matze erschrak**! Vor **Spritzen** hatte er **schreckliche** Angst. Zum **Glück** war es dann aber nicht so schlimm, wie er befürchtet hatte. „**Putzen** Sie die Zähne in Zukunft etwas gründlicher und essen Sie weniger **Zucker**.“ Auf dem Heimweg kam Herr **Matze** an einem **Bäcker** und an einer **Apotheke** vorbei. Raten Sie, wo er hineinging? Nein, ein Schmerzmittel brauchte er nicht, aber eine **Zuckerschnecke**!

b Lesen und sprechen Sie den Text. Achten Sie auf die fett markierten Wörter.

Statt doppeltem *k* oder doppeltem *z* schreibt man **ck** und **tz**. **!**

~~Jakke~~ Jacke ~~Sprizze~~ Spritze

Ausnahmen: • **Akkusativ**, • **Akku**, • **Pizza**

7 Präteritum

a Ergänzen Sie im Präteritum.

1 fallen er/sie *fiel*
2 schließen er/sie ________
3 essen er/sie ________
4 nehmen er/sie ________
5 kommen er/sie ________
6 waschen er/sie ________

b Ist der betonte Vokal lang oder kurz? Markieren Sie in **a** lang (__) und kurz (.).

▶ 2.08 **c** Hören Sie und wiederholen Sie.

Die Vokallänge kann sich bei unregelmäßigen Verben ändern.

Üben Sie besonders die langen Vokale. Sie heißen auch gespannte Vokale, weil man für sie viel Anspannung – das heißt: Muskelkraft – braucht.
So können Sie Ihre Gesichtsmuskeln trainieren:

- Öffnen Sie den Mund, der Kiefer klappt so weit wie möglich nach unten. Schließen Sie den Mund dann wieder. Und wieder öffnen und wieder schließen … Wiederholen Sie mehrmals.

- Lächeln Sie breit mit geschlossenem Mund. Dann schieben Sie den Mund so weit nach vorne wie möglich zu einem Kussmund. Und wieder breit und wieder zum Kussmund … Wiederholen Sie mehrmals.

8 Klima und Umwelt

a In welchen Wörtern ist der betonte Vokal lang? Markieren Sie.

• Klima • Umwelt schützen • Konsum
• Meer • Plastik • Natur reduzieren
• Mobilität
sparen • Strom verschmutzen verändern

▶ 2.09 **b** Hören Sie und wiederholen Sie.

▶ 2.10 **c** Karaoke: Hören Sie und lesen Sie die Antworten laut.

1 ● …
▲ Ich versuche, Strom zu sparen.

2 ● …
▲ Die Mobilität der Menschen wird sich verändern.

3 ● …
▲ Ich reduziere meinen Fleischkonsum.

4 ● …
▲ Sehr wichtig. Ohne die Natur können wir nicht leben.

5 ● …
▲ Nein, denn das Klima hat sich bereits verändert.

6 ● …
▲ Dass Plastik die Meere verschmutzt.

9 Gleiche Aussprache, andere Schreibweise

▶ 2.11 **a** Hören Sie und wiederholen Sie.

bis – biss • Boot – bot • Leere – • Lehre • Meer – mehr • Küste – küsste
• Wal – • Wahl war – wahr

▶ 2.12 **b** Welches Wort aus **a** passt? Hören Sie und ordnen Sie zu. Achten Sie auf die richtige Schreibweise.

Ein Mann fuhr mit dem __________ auf das __________ hinaus. Er wollte Fische fangen. Wieder und wieder warf er seine Angel aus. Aber __________! Kein Fisch __________ an. Der Fischer __________ sehr traurig. Was sollte er seiner Frau sagen, wenn sie ihn am Abend __________ und fragte: „Was hast du heute gefangen?" Schließlich begann es auch noch zu regnen. Er hatte keine __________. Er musste zurück. Ohne eine Mahlzeit, so ein Pech!

10 Sprichwörter mit „Tag"

a Welche Erklärung passt? Verbinden Sie.

1 Morgen ist auch noch ein Tag.
2 Man soll den Tag nicht vor dem Abend loben.
3 Es ist noch nicht aller Tage Abend.
4 Rom ist auch nicht an einem Tag erbaut worden.
5 Die Sonne bringt es an den Tag.

a Man sollte sich einer Sache nicht zu sicher sein.
b Große Projekte brauchen Zeit.
c Geheimnisse werden früher oder später entdeckt.
d Etwas muss nicht heute erledigt werden.
e Die Sache ist noch nicht verloren.

b Markieren Sie in den Sprichwörtern in **a** die betonten Vokale in den Wörtern: lang (__) oder kurz (.).

▶ 2.13 **c** Hören Sie und wiederholen Sie.

> Die Diphthonge *au/äu*, *ai/ei* und *eu* gelten als lang: erbauen, ein → Kapitel B7 **!**

B2 Die Vokale a und ä

1 Ein Wort, zwei Bedeutungen – Teil 1

a Finden Sie die Nomen in der Buchstabenschlange und ordnen Sie zu.

ABBANKMAGBLATTANNAGELGARSCHLANGEHATAFELZAHTASCHEPST

1  ______________

2  ______________

3  *Bank*

4  ______________

5  ______________

6  ______________

▶ 2.14 **b** Hören Sie und wiederholen Sie.

Der Mund muss bei **a** gut geöffnet werden. Legen Sie die Zeigefinger links und rechts ans Gesicht, direkt vor die Ohren. Dort ist Ihr Unterkiefer „aufgehängt". Sagen Sie „aaaa". Wenn Ihre Finger wie in ein kleines Loch fallen, haben Sie den Mund weit genug geöffnet.

2 Ein Wort, zwei Bedeutungen – Teil 2

a Ist das betonte *a* in den fett markierten Wörtern lang (__) oder kurz (.)? Markieren Sie.

Ein **Mạnn** ruft seinen **Arzt** an: „Ich **habe** eine **Banane** mit der **Schale** gegessen. Ist **das** gefährlich?" Der Arzt **fragt**: „**Waren** Pestizide in der Schale?" Der Mann **antwortet**: „Wieso Pestizide? Sie war aus **Porzellan**."

▶ 2.15 **b** Hören Sie und lesen Sie mit.

c Lesen und sprechen Sie den Text.

3 Unsinns-Text

▶ 2.16 **a** Hören Sie und lesen Sie mit.

Frau von H**a**gen
d**a**rf ich's w**a**gen
Sie zu fr**a**gen
wie viel Kr**a**gen
Sie getr**a**gen
d**a** Sie l**a**gen
kr**a**nk **a**m M**a**gen
in der Hauptst**a**dt
Kopenh**a**gen?

(Schweiz, Gesellschaft für Volkskunde, 1926)

▶ 2.17 **b** Hören Sie noch einmal und sprechen Sie jede zweite Zeile.

c Lesen und sprechen Sie den Text nun allein.

4 Komparativ

a Wie heißt der Komparativ? Ergänzen Sie.

1 alt	*älter*	5 klar	________
2 schwach	________	6 krank	________
3 nass	________	7 nah	________
4 hart	________	8 flach	________

▶ 2.18 **b** Hören Sie und wiederholen Sie.

> **!**
> Wörter mit **ä** kommen oft von Wörtern mit **a**: **alt** – **älter**
> Ausnahme: • K**ä**se
> Man spricht ein **ä** wie ein offenes **e**. Vergleichen Sie:
>
> 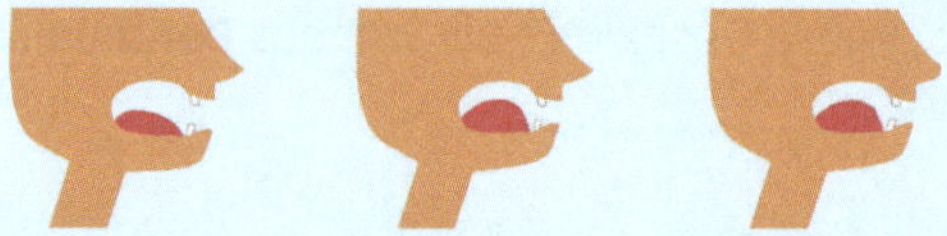
>
> fangen fängt eng
>
> Der betonte Vokal **ä** kann lang oder kurz sein: n**ä**her (lang) – **ä**lter (kurz)
> Wann ist das **ä** kurz, wann ist es lang? → Kapitel B1
> Sehen Sie sich auch das Video an. ▣ 04

5 Mit Emotion, bitte: Wünsche

a Was wünscht sich die Frau? Schreiben Sie.

1 Ich habe keine Katze. *Aber ich hätte gern eine Katze.*
2 Ich bin nicht oft in Hamburg. ______________________
3 Ich habe keine Badewanne. ______________________
4 Ich bin nicht schlank. ______________________
5 Ich habe wenig Kraft. ______________ *mehr* ______
6 Ich bin keine Anwältin. ______________________

▶ 2.19 **b** Hören Sie und kontrollieren Sie Ihre Lösung.

c Lesen und sprechen Sie die Sätze.

6 Redensarten mit Nase

a Ordnen Sie das passende Wort zu.

einzeln • gut • hoch • tief • voll • ~~vorn~~

1 Der Sieger hat am Ende immer die Nase *vorn*.
2 Ein arroganter Mensch trägt die Nase ____________.
3 Alkoholiker stecken die Nase zu ____________ ins Glas.
4 Wer genug von etwas hat, der hat die Nase ____________ davon.
5 Wer eine ____________e Nase hat, sollte seinem Bauchgefühl folgen.
6 Schweigsamen Menschen muss man oft jedes Wort ____________ aus der Nase ziehen.

▶ 2.20 **b** Hören Sie und wiederholen Sie.

B3 Der Vokal e

1 Richtig ausgesprochen?

▶ 2.21 Was sagt der Mann? Was meint er? Hören Sie und kreuzen Sie an?

Er sagt: ☐ Fällt er? ☐ Fehlt er?
Er meint: ☐ Fällt er? ☐ Fehlt er?

!

Der betonte Vokal **e** kann lang oder kurz sein. Das kurze, offene **e** spricht man wie das **ä**: • **Fell** – (er) **fällt**

Für das lange, geschlossene **e** muss man den Mund etwas schließen. Sehen Sie sich das Video an. ▣ 05

Wann ist das **e** kurz, wann ist es lang? → Kapitel B1

Das lange, geschlossene e

Halten Sie einen Stift mit den Zähnen fest. Wenn Sie ein korrektes langes **e** sagen, bleibt der Stift in seiner Position. Wenn Sie aber ein **ä** sprechen, wackelt der Stift oder fällt sogar aus dem Mund. Denn dieser ist dann zu weit offen.

2 Wortschlange

a Finden Sie in der Wortschlange noch sieben Wörter, in denen ein langes, geschlossenes *e* vorkommt.

EUROPAERDEFEUERFEBRUARSEPTEMBERBRETTBEEREPFERDZIEGEHERZ
KÄSEMEHLSTRESSSCHEREFLECKMUSEUMNÄHEESSIGLEDERFRIEDEN

▶ 2.22 **b** Hören Sie und kontrollieren Sie Ihre Lösung. Wiederholen Sie dann.

3 Labyrinth

a Die Schneckenmutter möchte zu ihrem Kind. Sie darf nur über Wörter mit einem geschlossenen *e* gehen: nach rechts (→), links (←), oben (↑) oder schräg (↗↖). Wo kommt sie an: bei A, B oder C?

A 	B 	C 
• Ozean	• Tablette	• Tempo
• Menü	• Creme	• Prospekt
• Prozess	• Modell	• Region
• Pessimist	• Orchester	• Thema
• Mensa	• Medizin	• Hotel
• System	• Direktor	• Architektin
• Talent	• Kredit	• Export

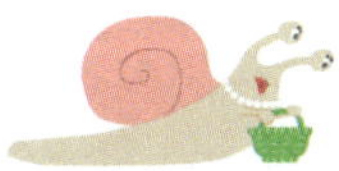

▶ 2.23 **b** Hören Sie und vergleichen Sie mit Ihrer Lösung. Wiederholen Sie dann.

> In „echten" deutschen Wörtern kommt das geschlossene *e* normalerweise nur in betonten Silben vor: • Regen. Aber in Wörtern aus anderen Sprachen kann das geschlossene *e* auch in nicht betonten Silben vorkommen: • Medizin

4 Kalte Tage

a Ist das betonte *e* lang oder kurz? Markieren Sie lang (__) und kurz (.).

1

Schnee auf dem Feld,
der See mit Eis bedeckt,
Zehen und Finger sind kalt,
denn es ist Februar.

2

Menschen mit Schirmen
gehen im Regen.
Feiner Nebel senkt sich –
denn es ist November.

▶ 2.24 **b** Hören Sie und sprechen Sie leise mit.

c Sprechen Sie jetzt allein.

B

5 Plastik im Meer

a Ergänzen Sie die fehlenden Buchstaben: *e, ee, eh* oder *ä, äh*.

Dreckige Weltmeere
In den Oz___anen schwimmen unvorst___llbare M___ngen an Plastik. L___bensgef___rlich für Fische, D___lfine und S___vögel. Umw___ltschützer beschw___ren sich, dass die R___gierungen noch immer zu w___nig dag___gen tun. Doch j___der kann mith___lfen.
- Tr___nne Kunststoff von and___rem Müll.
- Achte auf Pfl___ge- und Kosm___tikprodukte ohne Mikroplastik.
- Lass keine Abf___lle in der Natur zurück. Mit d___m Wind w___rden sie in d___n n___chsten Fluss gew___t und ins M___r transportiert.
- Kauf nur Kleidung und B___ttwäsche aus Naturmat___rialien.
- Unterstütze Proj___kte, die ___twas g___gen d___n Plastikmüll untern___men. Du kannst G___ld sp___nden oder dich ___renamtlich engagieren.
- Erz___le deinen Freunden von d___n Probl___men, die Plastikmüll verursacht, und erkl___re ihnen, wie sie Plastik vermeiden können. J___ m___r M___nschen mitmachen, d___sto schn___ller wird sich ___twas ___ndern.

▶ 2.25 **b** Hören Sie und lesen Sie mit.

c Lesen und sprechen Sie den Text selbst.

Überlegen Sie vor dem Hören, wie Sie die Wörter mit **e** und **ä** aussprechen würden. Beim Hören können Sie Ihre Hypothesen prüfen. Auf diese Weise bekommen Sie allmählich ein Gefühl für die korrekte Aussprache und fühlen sich beim freien Sprechen sicherer.

6 Von a zu i

▶ 2.26 Hören Sie und wiederholen Sie.

1	• Bar	• Bär	• Beere	• Bier
2	sagen	sägen	• Segen	siegen
3	• Zahn	• Zähne	• Zehen	ziehen
4	wann	wenn	wen	Wien

Öffnen Sie den Mund weit und sagen Sie „aaa". Legen Sie Ihre Hand unter das Kinn und sagen Sie „Bar, Bär, Beere, Bier".
Merken Sie etwas? Je weiter Sie den Mund schließen, desto kleiner wird der Abstand zwischen Zunge und Gaumen.

7 Fragen über Fragen

▶ 2.27 **a** Hören Sie und wiederholen Sie.

• Meter – • Mieter leben – lieben wegen – wiegen • Regel – • Riegel wer – wir • See – sie Schlesien – schließen • Meer – mir

b Ordnen Sie die Wörter aus **a** zu.

1 ● Weißt du, wo ________ liegt?
▲ Ja, *wir* ________ dort. Der größte Teil liegt in Polen, ein kleiner Teil auch in Tschechien und Deutschland.

2 ● ______ kann ______ sagen, was der Watzmann ist?
▲ Das ist ein Gebirgsmassiv in Deutschland. Der höchste Gipfel ist 2.713 ________ hoch.

3 ● Hast du schon einmal vom Steinhuder *Meer* gehört?
▲ Ja, das ist der größte ______ Niedersachsens.

4 ● Sag mal, kann der Vermieter einem ________ ________ Ruhestörung kündigen?
▲ In der ________ ist das nicht so einfach, aber möglich ist es.

5 ● Warum ________ Kinder Süßes so sehr?
▲ Es ist ganz normal, dass Kinder gerne Schoko-________ essen. Denn Wachstum macht Hunger auf Zucker.

6 ● Wie viel ________ Wolken?
▲ Ab einer Tonne bis mehrere Millionen Tonnen. Und was ________ wir daraus?
● Wolken sind nicht so leicht, wie ______ aussehen.

▶ 2.28 **c** Hören Sie und lesen Sie mit.

d Lesen und sprechen Sie die Dialoge.

Der Unterschied zwischen einem langen **e** und einem langen **i** ist nur gering. Hören Sie genau hin und achten Sie auf Ihre Zunge. Bei **e** berührt die Zungenmitte den Gaumen leicht, bei **i** drückt sie fest gegen den Gaumen. Sehen Sie sich auch das Video an. ▣ 06

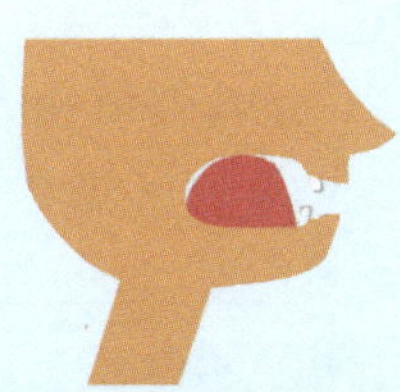

See/sie

8 Das Wetter an Silvester

▶ 2.29 **a** Hören Sie und wiederholen Sie.

Das schwache e !

In nicht betonten Silben spricht man **e** nur reduziert (• Mitt**e**), besonders in den Endsilben *-em* (schwach**e**m), *-es* (• des Land**e**s), *-et* (verbreit**e**t). In den Endsilben *-en* (• Süd**e**n) und *-el* (• Himm**e**l) fällt das **e** häufig ganz weg.

Auch in den Präfixen *ge-* (• G**e**birge) und *be-* (b**e**sonders) spricht man **e** reduziert.

Nach *p* und *b* klingt *-en* oft wie „m“: „Alpm“ (• Alpen)

Nach *k* und *g* klingt *-en* oft wie „ng“: „Regng“ (• Regen)

b Lesen Sie den Wetterbericht und markieren Sie. Wie viele Wörter mit schwachem *e* finden Sie?

Zum Jahreswechsel dürfen sich der Norden und der Süden auf viel Sonnenschein freuen, allerdings bei Temperaturen unter Null. Wolken sind bei nur schwachem Wind kaum am Himmel zu sehen. In der Mitte des Landes bleibt es trüb, aber trocken.

Das neue Jahr beginnt verbreitet mit Nebel, der sich besonders in der Osthälfte länger hält.

Bis zum Wochenende ändert sich das Wetter nicht. Erst dann ziehen einige Tiefs durch. Dies bedeutet landesweit Regen. Schnee gibt es nur in den höheren Lagen der Gebirge. Selbst die deutschen Skigebiete leiden unter Schneemangel. Skifahrer müssen in die österreichischen oder schweizerischen Alpen ausweichen.

▶ 2.30 **c** Hören Sie und lesen Sie mit.

d Lesen und sprechen Sie den Text.

Schwache Silben mit *-er-* (• Skifahr**er**, besond**er**s, änd**er**n , v**er**breitet ...) werden ähnlich wie **a** artikuliert. → Kapitel C1

9 Wortbildung

a Bilden Sie aus den Verben Nomen mit *Ge-* .

1 würzen	• *Gewürz*	4 sprechen	• ________
2 schenken	• ________	5 fühlen	• ________
3 trinken	• ________	6 backen	• ________

▶ 2.31 **b** Hören Sie und wiederholen Sie.

B4 Der Vokal i

1 i erkennen

▶ 2.32 In welchen Wörtern hören Sie ein *i*? Kreuzen Sie an.

1 ☒ 2 ☐ 3 ☐ 4 ☐ 5 ☐
6 ☐ 7 ☐ 8 ☐ 9 ☐ 10 ☐

!

Der betonte Vokal **i** kann lang oder kurz sein.

Das lange **i** und das kurze **i** klingen nicht gleich! Vergleichen Sie:
● Li**e**be (lang) – ● Lippe (kurz)

Sehen Sie sich auch das Video an. ▶ 07

Wann ist das **i** kurz, wann ist es lang? → Kapitel B1

2 Technisches

▶ 2.33 **a** Hören Sie und ordnen Sie zu.

● **Industrie** ● **Ding** **lie**fern repar**ie**ren ● Masch**i**ne entw**i**ckeln
● Betr**ie**b techn**i**sch ● Vorschr**i**ft bed**ie**nen ● **Si**cherheit

langes **i**: *Industrie,* ______________________
____

kurzes **i**: *Industrie,* ______________________
____

▶ 2.34 **b** Hören Sie und wiederholen Sie.

In einem Industriebetrieb arbeiten:
Technische Dinge entwickeln
Maschinen bedienen und reparieren
Sicherheitsvorschriften beachten
Produkte liefern

!

Ein langes **i** schreibt man meistens **ie**. Bitte nicht „i-e" sprechen, es ist nur **i**!

Ausnahmen:
- am Wortanfang: ● **I**gel
- die Personalpronomen w**i**r, m**i**r, d**i**r, **i**hr, **i**hm, **i**hn, **i**hnen
- Wörter aus anderen Sprachen: ● Masch**i**ne

3 Ein Notruf

a Ergänzen Sie *i*, *ie* oder *ih*.

- ● H*ie*r spr___cht Miller. ___ch möchte einen Unfall melden.
- ▲ Was ___st pass___rt?
- ● Meine Kolleg___n ___st von der Leiter gestürzt. S___ sagt, dass ___r Kopf schmerzt und dass s___ schlecht s___ht.
- ▲ Aha. Kopfschmerzen und Sehstörungen.
- ● Was gesch___ht nun?
- ▲ W___r sch___cken einen San___täter.

▶ 2.35 **b** Hören Sie und lesen Sie mit.

c Lesen und sprechen Sie den Dialog.

4 Verliebte Bienen

▶ 2.36 **a** Hören Sie und lesen Sie mit.

Sieben Bienen fliegen über die Wiesen
und treffen sieben Riesen.
Die sieben Bienen verlieben sich
in die sieben Riesen.
Doch die sieben Riesen kriegen die Krise.
Denn die sieben Bienen stechen
die sieben Riesen in ihre dicken Beine.

Verwechseln Sie nicht **ie** mit **ei**:
● **Biene** – ● **Beine** → Kapitel B7

b Lesen und sprechen Sie den Text.

B5 Die Vokale o und ö

1 Richtig hören – Teil 1

▶ 2.37 **a** Welches Wort hören Sie? Kreuzen Sie an.

1 ☐  ☐  2 ☐  ☐ 

3 ☐  ☐ 

▶ 2.38 **b** Hören Sie und wiederholen Sie.

> **!**
> Der Vokal **o** kann lang oder kurz sein. Sehen Sie sich das Video an und machen Sie die Geste. ▣ 08
>
> Das kurze **o** und das lange **o** spricht man nicht gleich: • **So**nne (kurz) – • **So**hn (lang)
>
> Wann ist das **o** kurz, wann ist es lang? → Kapitel B1

> Sagen Sie ein offenes **o**: „oooo". Drücken Sie mit dem Zeigefinger in den Bereich zwischen Hals und Kinn. Drücken Sie den Zeigefinger nach oben. Dadurch schließt sich der Mund etwas und es ensteht das lange, geschlossene o. Der Mund muss rund bleiben!
>
> Oder legen Sie Ihre Zeigefinger rechts und links an den Mund und schieben bei „o" den Mund mithilfe der Zeigefinger nach vorne. Sehen Sie sich auch das Video dazu an. ▣ 09

2 Rätsel

a Ergänzen Sie die Wörter.

1 Eine Farbe: _r_ o _t_

2 Eine Jahreszeit: • ___ o ___ ___ ___ ___

3 Kleidungsstücke für die Füße: • ___ o ___ ___ ___ ___

4 Lebensmittel aus Getreide: • ___ ___ o ___

5 Ein fliegendes Tier: • ___ o ___ ___ ___

6 Material für Schränke: • ___ o ___ ___

b Wie wird das *o* gesprochen? Markieren Sie in **a** lang (__) und kurz (.).

▶ 2.39 **c** Hören Sie und wiederholen Sie.

B

3 Obwohl

▶ 2.40 **a** Wie wird das *o* gesprochen? Hören Sie und lesen Sie mit.

1 Otto hat sich ein Smartphone gekauft, obwohl sein altes noch funktioniert.
2 Obwohl es im Internet mehr Angebote gibt, hat Otto das Gerät beim Händler gekauft.
3 Er wollte exakt dieses Modell haben, obwohl es nicht besonders modern ist.
4 Obwohl Otto das Handy schon zwei Monate hat, kennt er noch nicht alle Funktionen.
5 Obwohl er nicht gut fotografiert, macht er viele Fotos.
6 Obwohl er nur selten telefoniert, findet er die Möglichkeit toll.

In Wörtern, die ursprünglich aus anderen Sprachen kommen, kann es sein, dass ein kurzes **o** geschlossen – also wie ein langes **o** – gesprochen wird: • Modell.

b Hören Sie noch einmal und sprechen Sie leise mit.

4 Richtig hören – Teil 2

▶ 2.41 **a** Was hören Sie: *o* oder *u*? Kreuzen Sie an.

	1	2	3	4	5	6	7	8	9	10
o	☒	☐	☐	☐	☐	☐	☐	☐	☐	☐
u	☐	☐	☐	☐	☐	☐	☐	☐	☐	☐

b Hören Sie noch einmal und wiederholen Sie.

Verwechseln Sie nicht **o** mit **u**!

Sind Ihnen nicht alle Wörter bekannt? Umso besser! Wenn Sie weder durch eine Hör-Erwartung noch durch Buchstaben abgelenkt sind, können Sie sich voll und ganz auf das Hören und Erkennen des richtigen Lautes konzentrieren.

5 Im Rhythmus: In der Konditorei

▶ 2.42 **a** Hören Sie und lesen Sie mit.

Meine Mu, meine Mu, meine Mutter schickt mich her.
Ob der Ku, ob der Ku, ob der Kuchen fertig wär?
Wenn er no, wenn er no, wenn er noch nicht fertig wär,
käm ich mo, käm ich mo, käm ich morgen wieder her.

(aus „Macht auf das Tor! Alte deutsche Kinderlieder“, Hrg. Maria Kühn, 1905)

b Lesen und sprechen Sie den Text.

6 Mit Emotion, bitte: Unverschämtheiten

▶ 2.43 **a** Hören Sie und ergänzen Sie *o* oder *ö*.

- ● Du bist bl_ö_d!
- ▲ Na, h___r mal!
- ● Und dumm wie Br___t!
- ▲ Das wird ja immer sch___ner!
- ● Der gr___ßte Depp!
- ▲ Das ist ja w___hl die H___he!
- ● Und b___se!
- ▲ K___nntest du jetzt mal aufh___ren? Du bist sehr unh___flich. W___her kennst du nur all diese schlimmen W___rter?

▶ 2.44 **b** Karaoke: Hören Sie noch einmal und sprechen Sie den Mann.

> **!** Der Vokal **ö** kann lang oder kurz sein. Sehen Sie sich das Video an und machen Sie die Geste. ▶ 10
>
> Das kurze **ö** und das lange **ö** spricht man nicht gleich: k**ö**nnen (kurz) – h**ö**ren (lang)
>
> Wann ist das **ö** kurz, wann ist es lang?
> → Kapitel B1

> Beim **ö** sind die Lippen wie bei **o**, aber die Zunge ist wie bei **e**! Sehen Sie sich das Video an. ▶ 11

7 Telefonat mit der Behörde

▶ 2.45 **a** Hören Sie und wiederholen Sie.

▶ 2.46 **b** Hören Sie den Dialog und lesen Sie mit. Achten Sie auf **o** und **ö**.

- ● Ausländerbehörde, Förster, guten Tag.
- ▲ Guten Tag. Ich möchte meine Angehörigen nach Deutschland einladen. Wie mache ich das?
- ● Ihre Gäste benötigen bei der Botschaft eine Verpflichtungserklärung, dass Sie alle Kosten tragen, die in Deutschland für die Gäste anfallen. Sie finden das Formular im Internet. Füllen Sie es bitte aus und kommen Sie persönlich bei uns vorbei.
- ▲ Aha. Sind noch andere Dokumente nötig?
- ● Ja. Sie müssen auch Ihren Ausweis und Einkommensnachweise der letzten drei Monate mitbringen.
- ▲ Das mache ich. Wie sind denn die Öffnungszeiten?
- ● Unsere Behörde ist von Montag bis Freitag von acht bis zwölf Uhr und montags und donnerstags von vierzehn bis siebzehn Uhr geöffnet.
- ▲ Vielen Dank. Auf Wiederhören.

8 Gutes Vorlesen: Dornröschen

▶ 2.47 **a** Hören Sie und lesen Sie mit.

Ein König und eine Königin bekamen eine Tochter. Sie wollten die Geburt feiern und luden deshalb die 13 Feen ein. Weil sie aber nur 12 goldene Teller hatten, durfte eine Fee nicht kommen. Doch mitten im Fest kam die 13. Fee herein und drohte: „Die Königstochter soll sich mit 15 an einer Spindel stechen und tot umfallen." Alle waren erschrocken, aber die 12. Fee tröstete: „Es soll kein Tod sein, sondern ein 100-jähriger Schlaf." Obwohl der König alle Spindeln im Land zerstören ließ, ging der böse Zauberspruch in Erfüllung. Als die Königstochter an ihrem 15. Geburtstag im Schloss herumwanderte, fand sie einen alten Turm. Dort saß eine alte Frau mit einer Spindel. Das Mädchen wollte auch spinnen, stach sich aber in den Finger und fiel sofort in einen tiefen Schlaf. Mit ihr schlief das ganze Schloss ein. Um das Schloss wuchs eine Dornenhecke, höher und höher. Ein Königssohn hörte vom schönen Dornröschen. Er ritt zum Schloss, da waren die 100 Jahre gerade vorbei. Die Rosen öffneten sich vor ihm und er konnte das Schloss problemlos betreten. Er fand Dornröschen und weckte sie mit einem Kuss. Mit Dornröschen erwachte der ganze Hof. Da wurde Dornröschens Hochzeit mit dem Königssohn gefeiert und sie lebten glücklich bis an ihr Ende.

(Volksmärchen nach Gebrüder Grimm)

b Markieren Sie im Text die Wörter, die Sie besonders schwierig finden. Üben Sie diese Wörter isoliert, indem Sie diese so lange wiederholen, bis Sie sie flüssig sprechen können.

c Hören Sie noch einmal und sprechen Sie leise mit.

d Lesen Sie das Märchen nun selbst und konzentrieren Sie sich auf den Laut, der Ihnen besonders schwerfällt: Das lange *o*? Der Unterschied zwischen *o* und *u*? Das *ö*?

B6 Die Vokale u und ü

1 Alles gleich?

▶ 2.48 **a** Sind die *u*-Laute im Wort gleich oder nicht gleich? Hören Sie und kreuzen Sie an.

	gleich	nicht gleich
1 st**u**rzbetr**u**nken (*sehr betrunken*)	☒	☐
2 k**u**nterb**u**nt (*vielfarbig / bunt gemischt*)	☐	☐
3 bl**u**tj**u**ng (*sehr jung*)	☐	☐
4 **u**nternehm**u**ngsl**u**stig (*aktiv*)	☐	☐
5 s**u**perg**u**t (*sehr gut*)	☐	☐
6 k**u**gelr**u**nd (*rund wie eine Kugel*)	☐	☐

b Hören Sie noch einmal und wiederholen Sie.

!

Der Vokal **u** kann lang oder kurz sein. Sehen Sie sich das Video an und machen Sie die Geste. ▣ 12

Das kurze **u** und das lange **u** klingen nicht gleich: r**u**nd (kurz) – g**u**t (lang) ▣ 13

Wann ist das **u** kurz, wann ist es lang? → Kapitel B1

2 Schule und Ausbildung

a Was passt zusammen? Verbinden Sie.

1 einen K**u**rs	a lernen
2 z**u**r Sch**u**le	b bes**u**chen
3 einen Ber**u**f	c absolvieren
4 ein St**u**di**u**m	d st**u**dieren
5 an der **U**niversität	e gehen

(1 – b)

▶ 2.49 **b** Sätze sprechen: Hören Sie und wiederholen Sie.

3 Um- / -um / -tum

▶ 2.50 Ist das *u* lang oder kurz? Markieren Sie lang (__) und kurz (.).
Wiederholen Sie dann.

• Ụmwelt • Umtausch • Umzug

• Visum • Datum • Zentrum

• Eigentum • Christentum • Heldentum

4 Richtig ausgesprochen?

▶ 2.51 Welcher Satz passt zum Bild? Kreuzen Sie an.

☐ Der Mann und die Frau wollen spielen.

☐ Der Mann soll das Geschirr spülen.

> Nicht verwechseln, bitte: **ü** ist nicht wie **i** und auch nicht wie **u**!

5 ü erkennen

▶ 2.52 **a** Was hören Sie: *i/ie*, *u* oder *ü*? Ergänzen Sie.

1	● M___ter	● M___tter	6	l___gen	l___gen
2	k___rz	● K___rze	7	k___ssen	● K___ssen
3	● Bl___te	● Bl___t	8	● Fr___cht	● Fr___chte
4	● K___rche	● K___che	9	● Kr___se	● Gr___ße
5	kl___g	kl___ger	10	● T___r	● T___r

b Hören Sie noch einmal und sprechen Sie leise mit. Wiederholen Sie dann.

> Der Vokal **ü** kann lang oder kurz sein. Sehen Sie sich das Video an und machen Sie die Geste. ▣ 14
>
> Das kurze **ü** und das lange **ü** klingen nicht gleich:
> ● K**ü**che (kurz) – ● Bl**ü**te (lang) ▣ 15

> Beim **ü** sind die Lippen wie bei **u**, aber die Zunge ist wie bei **i**! Spitzen Sie den Mund maximal und pfeifen Sie einen hohen Ton.
> ▣ 16

6 Lang und kurz

a Ist das *ü* lang oder kurz? Lesen Sie und markieren Sie mit zwei Farben.

Schlüssel · Kündigung · begründen · betrügen · Bürger · einführen · einfügen · Flüssigkeit · füttern · genügen · gültig · Kostüm · künstlich · Münze · schütteln · schützen · Überstunde · Vergnügen

▶ 2.53 **b** Hören Sie und wiederholen Sie.

7 Selbstlob

▶ 2.54 **a** Hören Sie und lesen Sie mit.

In meiner Familie bin ich
die Jüngste, Klügste, Dünnste,
die Mutigste, Lustigste, Pünktlichste,
die Glücklichste, Hübscheste, Gesündeste,
die Vernünftigste, Geduldigste, Jugendlichste –
einfach die Unvergleichlichste!

b Lesen und sprechen Sie den Text.

8 Mit Emotion, bitte: Verständnis und Mitgefühl

▶ 2.55 **a** Hören Sie und wiederholen Sie.

1 Oje. Man muss doch Rücksicht nehmen.
2 Das Gefühl kenne ich gut.
3 Das ist ein starkes Stück!
4 Das tut mir sehr leid für dich.
5 Ich verstehe deine Wut, aber übertreibst du nicht ein wenig?
6 Unglaublich! Du Arme!

▶ 2.56 **b** Hören Sie und antworten Sie mit den Sätzen aus **a**. Hören Sie zuerst ein Beispiel.

● Ich bin so müde. Gestern haben die Nachbarn wieder bis ein Uhr nachts Musik gehört.
▲ Oje. Man muss doch Rücksicht nehmen.

9 Aufgaben annehmen oder ablehnen

▶ 2.57 **a** Hören Sie und wiederholen Sie.

nat**ü**rlich **ü**bernehmen k**ü**mmern z**u**ständig bem**ü**hen **u**nterst**ü**tzen

▶ 2.58 **b** Karaoke: Hören Sie und lesen Sie die Antworten laut.

1 ● …
▲ Natürlich. Das mache ich.

2 ● …
▲ Das übernehme ich.

3 ● …
▲ Darum kann ich mich kümmern.

4 ● …
▲ Tut mir leid, dafür bin ich nicht zuständig.

5 ● …
▲ Ich bemühe mich.

6 ● …
▲ Ich würde dich ja gern unterstützen, aber ich habe einen Termin.

10 Mit Emotion, bitte: Das ist mir egal!

▶ 2.59 Hören Sie und wiederholen Sie.

1 Das ist mir gleichgültig.
2 Das ist mir schnuppe.
3 Das ist mir wurscht.
4 Das ist mir schnurzpiepegal.
5 Das juckt mich nicht.
6 Das kümmert mich doch nicht.

B7 Die Diphthonge au/äu, ai/ei, eu

1 Diphthonge erkennen

▶ 2.60 **a** Welches Wort hören Sie? Kreuzen Sie an.

1	☐ • Frau	☐ froh
2	☐ • Koffer	☐ • Käufer
3	☐ weiß	☐ was
4	☐ • Loch	☐ • Lauch
5	☐ leider	☐ • Leder
6	☐ • Bäuche	☐ • Bücher
7	☐ • Feier	☐ • Feuer

b Hören Sie noch einmal und wiederholen Sie.

!

Man spricht **au** wie „au" oder „ao". ▶ 17

Man spricht **ai** und **ei** wie „ai" oder „ae". ▶ 18

Man spricht **äu** und **eu** wie „oi" oder „oe". ▶ 19

Die beiden Vokale sind – jeder für sich – kurz, der erste Vokal wird stärker betont als der zweite. Man darf die Vokale beim Sprechen nicht trennen.

Wörter mit **äu** kommen von Wörtern mit **au**: k**au**fen – • K**äu**fer

Die Schreibweise **ai** kommt nur selten vor, zum Beispiel in • **Mai**.

2 Mit Emotion, bitte!

▶ 2.61 **a** Hören Sie und wiederholen Sie.

1 Das tut mir so l**ei**d für dich.
2 Ich fr**eu**e mich so!
3 Ich bin sehr entt**äu**scht.
4 Ich bin richtig s**au**er.
5 Das ist aber tr**au**rig.
6 Ich bin beg**ei**stert!
7 Uff, da bin ich aber erl**ei**chtert.
8 Wow, be**ei**ndruckend!

▶ 2.62 **b** Hören Sie und antworten Sie mit den Sätzen aus **a**.
Hören Sie zuerst ein Beispiel.

● Dreizehn Bewerbungen und immer noch kein Jobangebot.

▲ Das tut mir so leid für dich.

3 Wortbildung

a Bilden Sie Nomen aus den Adjektiven mit *-heit* oder *-keit*.

1 frei • *Freiheit*
2 fröhlich • ______
3 schön • ______
4 dankbar • ______
5 fähig • ______
6 gesund • ______
7 vergangen • ______
8 sparsam • ______

▶ 2.63 **b** Hören Sie und wiederholen Sie.

4 Redewendungen

▶ 2.64 **a** Hören Sie und wiederholen Sie.

1 Es ist immer das gleiche Lied.
(Etwas Ärgerliches oder Unangenehmes wiederholt sich.)
2 Träume sind Schäume.
(Nicht alle Hoffnungen und Wünsche werden Wirklichkeit.)
3 Geteiltes Leid ist halbes Leid.
(Schwierige Situationen sind weniger schlimm, wenn man sie mit anderen teilt.)
4 Friede, Freude, Eierkuchen!
(An dieser Harmonie kann/muss man Zweifel haben.)

b Welche Redewendung aus **a** passt? Setzen Sie ein.

● Job verloren, Frau weg, jetzt auch noch krank geworden. Mir geht es wirklich schlecht.
▲ Mir geht es genauso, da sind wir schon zwei. Das macht es leichter. Du weißt ja: ______.
● Und geteilte Freude ist doppelte Freude.

▶ 2.65 **c** Markieren Sie in **b** *au*, *ei* und *eu*. Hören Sie dann und sprechen Sie leise mit.

Nicht verwechseln, bitte: **Leid** ≠ **Lied** → Kapitel B4

B8 Der Vokalneueinsatz

1 Richtig ausgesprochen?

▶ 2.66 Was sagt die Frau? Was meint sie? Hören Sie und kreuzen Sie an.

Sie sagt: ☐ Die Straße ist vereist. ☐ Die Straße ist verreist.

Sie meint: ☐ Die Straße ist vereist. ☐ Die Straße ist verreist.

! Vor | einem Wort mit | einem Vokal beginnt man „neu“. Das heißt: Man macht eine Mini-Sprechpause vor dem Vokal: Die Straße | ist … Auch innerhalb eines Wortes kann es sein, dass man vor einem Vokal die Stimme „neu einschalten“, also einen Knacklaut sprechen muss, zum Beispiel, wenn nach einem Präfix ein Vokal folgt: ver|eisen

Verbinden Sie den Konsonanten des vorangehenden Wortes nicht mit dem Vokal. Sprechen Sie die Wörter bzw. Silben bewusst getrennt und hacken Sie zum Beispiel mit der Hand in die Luft, um die Trennung (= die winzige Sprechpause) durch eine Geste zu verdeutlichen.

Wenn Sie sehr leise sprechen oder flüstern, hören Sie den Knacklaut besonders gut.

2 Mit Emotion, bitte!

▶ 2.67 **a** Hören Sie und lesen Sie mit.

1 Be|eindruckend!
2 Was für | aufregende | Er|eignisse!
3 | Ach, so schöne | Er|innerungen!
4 | Angenehmen | Auf|enthalt!
5 Das | ist ver|antwortungslos!
6 Pah! | Alles nur | ein Vor|urteil!

▶ 2.68 **b** Hören Sie und ergänzen Sie mit den Sätzen aus **a**. Hören Sie zuerst ein Beispiel.

Ein Kind hat mit acht Jahren Abitur gemacht … Beeindruckend!

3 Als ob

▶ 2.69 **a** Wo müssen Sie eine kleine Pause (= den Knacklaut) machen? Hören Sie und markieren Sie mit |.

1 Der | Opernsänger | Oskar trainiert seine Arien so intensiv, als ob er bei einer Olympiade mitmachen wollte.
2 Oskar hat viele Freunde. Trotzdem wirkt er manchmal, als ob er sehr einsam wäre.
3 Wenn er erkältet ist, hört es sich an, als ob er einen Frosch im Hals hätte.
4 Oskar läuft immer so schnell von Auftritt zu Auftritt, als ob er in Eile wäre.
5 Er empfängt den Applaus des Publikums, als ob dieser ihm unwichtig wäre.
6 Er singt auf Italienisch, als ob er die Sprache perfekt beherrschen würde. Dabei spricht er gar kein Italienisch.

b Lesen und sprechen Sie die Sätze. Achten Sie auf den Knacklaut.

4 Bedauern

a Wo müssen Sie eine kleine Pause (= den Knacklaut) machen? Markieren Sie mit |.

1 ● Wieso kommst du | erst jetzt? Das Meeting hat vor einer Stunde angefangen.
▲ Ich weiß! Wäre ich doch früher aufgestanden! Dann hätte ich die U-Bahn noch erreicht.

2 ● Oh nein! An manchen Tagen geht echt alles schief!
▲ Was ist denn los?
● Der Computer ist abgestürzt. Am besten wäre es gewesen, ich hätte den Computer gar nicht eingeschaltet. Dann wäre er auch nicht abgestürzt.
▲ So ein Unsinn!

3 ● Was suchst du denn?
▲ Meine Geburtsurkunde. Die brauchen wir doch für das Standesamt. Ach, hätte ich die Unterlagen nur besser geordnet! Dann würde ich alles schneller finden.

4 ● Ich habe Riesenärger mit meiner Versicherung.
▲ Warum denn das?
● Wegen eines Autounfalls, den ich verursacht habe. Wäre ich nur zu einem Anwalt gegangen und hätte mich beraten lassen!

> Auch zwischen den Bestandteilen von Komposita muss man die Stimme neu einschalten:
> ● Geburts | urkunde

▶ 2.70 **b** Hören Sie und kontrollieren Sie Ihre Lösung.

c Lesen und sprechen Sie die Dialoge.

C1 Der Konsonant r

1 Richtig gehört?

▶ 3.01 **a** In welchem Wort hören Sie *r*? Kreuzen Sie an.

	1	2	3	4	5	6
1. Wort	☐	☐	☐	☐	☐	☐
2. Wort	☐	☐	☐	☐	☐	☐

b Hören Sie noch einmal und wiederholen Sie.

!

Der Konsonant **r** wird regional unterschiedlich gesprochen. Das **r** im Hals wird in den meisten Regionen Deutschlands gesprochen.

Fast überall in Österreich, in der Deutsch-Schweiz und auch in manchen Regionen Deutschlands wird das **r** vorne mit der Zungenspitze gesprochen, also wie das **r** im Spanischen, Italienischen oder Arabischen.

Möchten Sie das hintere **r** (= das **r** im Hals) üben? Legen Sie Ihren Zeigefinger quer zwischen die Zähne. Die Zunge wird nun vom Finger blockiert, sagen Sie: rrrr.

Haben Sie das Gefühl, dass Ihr Hals beim Üben und Sprechen von **r** trocken wird? Das ist anfangs ganz normal. Trinken Sie viel Wasser und gurgeln Sie. ▶ 20

2 Aufforderungen

▶ 3.02 Hören Sie und wiederholen Sie.

1 Besu**ch** **R**uth!
2 La**ch**, **R**obert!
3 Ma**ch** **r**uhig, **R**aul!
4 Ko**ch** **R**eis!
5 Kauf do**ch** **R**otwein!
6 Lies do**ch** **R**omane!
7 Trag do**ch** **R**öcke!
8 Schenk ihr do**ch** **R**osen!

3 Roland

▶ 3.03 Hören Sie und lesen Sie mit. Wiederholen Sie dann.

„**R**oland der **R**iese am **R**athaus zu B**r**emen" ist eine be**r**ühmte Sehenswü**r**digkeit in B**r**emen. Die Statue steht auf dem Ma**r**ktplatz am histo**r**ischen **R**athaus und soll **R**echt und F**r**eiheit symbolisie**r**en.

4 Reime

a Was reimt sich auf das Wort? Ordnen Sie zu.

b • b • B • d • g • P • ~~t~~ • T

1 rennen — *t*rennen
2 raten — ___raten
3 rot — • ___rot
4 • Raum — • ___raum
5 • Reis — • ___reis
6 rauchen — ___rauchen
7 • Rücken — ___rücken
8 • Reifen — ___reifen

▶ 3.04 **b** Sätze sprechen: Hören Sie und wiederholen Sie.

Zwischen zwei Konsonanten darf kein Vokal gesprochen werden. ~~Berot~~ **Brot**

5 Eine Reklamation

▶ 3.05 **a** Hören Sie den Dialog und ergänzen Sie die fehlenden Teile.

- ● Hallo. Ich habe *vorige* Woche bei Ihnen diese __________ gekauft. Damit bin ich nicht zu__________. Die Fotos sehen alle ___gendwie _____ aus.
- ▲ Das __________ lässt sich bestimmt gleich __________. Zeigen Sie mal. Hm ... haben Sie die ______________anweisung vor der In__________nahme gelesen?
- ● Natürlich. Und ich habe die Einstellungen ge________ und alles Mögliche aus_____biert. Aber es hat nicht geholfen. Ich finde das _______lich ___gerlich. Wenn die Kamera nicht benutzer________lich ist, möchte ich sie nicht. Kann ich sie umtauschen?
- ▲ Ja. Dann __________ ich aber ________ Kassenzettel.

b Hören Sie noch einmal und lesen Sie mit.

c Lesen und sprechen Sie den Dialog.

6 Der Banküberfall

▶ 3.06 **a** In welchen Silben hören Sie statt des *r* einen Vokal? Hören Sie und markieren Sie.

einbrechen gestern • Uhr • Bargeld • **R**ichtung • Norden • Täter
verhaften kurz • Vorfahrt hundert fahren

b Lesen Sie den Text und schreiben Sie über jedes *er* und jedes vokalische *r* ein *a*.

Bankautomat gesprengt
Gestern Abend gegen 23 Uhr brachen drei Männer in die Bank am Gärtnerplatz ein und flohen mit mehr als 100.000 Euro Bargeld Richtung Norden. Dabei fuhren sie über mehrere rote Ampeln und nahmen anderen Autofahrern die Vorfahrt. Schließlich hatten sie einen Unfall und so konnten die Täter schon nach kurzer Zeit gefasst und verhaftet werden.

c Lesen und sprechen Sie den Text.

!

r wird als Konsonant gesprochen
– am Wortanfang und am Anfang von Silben: • **R**ichtung, fah**r**en
– nach kurzem Vokal: • No**r**den
r wird als Vokal gesprochen
– in nicht betonten Silben mit **-er-**: **er**eignen, v**er**haften, • Tät**er**, hund**er**t
– nach langem Vokal: • Vo**r**fahrt
Das vokalische **r** klingt ähnlich wie „a". Sehen Sie sich das Video an. ▣ 21

Die Aussprache von **r** nach einem langen Vokal hängt davon ab, ob das **r** am Beginn (konsonantisches **r**) oder am Ende (vokalisches **r**) einer Silbe steht.
• Uh**r** (vokalisch) – • Uh-**r**en (konsonantisch)
präsentie-**r**en (konsonantisch) – (er/sie) präsentie**r**-te (vokalisch)

7 Die Hamburger Elbphilharmonie

a Finden Sie in der Wortschlange noch sieben Wörter, in denen das *r* normalerweise artikuliert wird.

MODERNJANUARERÖFFNENKONZERTFERTIGVERSCHIEBENFORMSPEICHER
PARKHAUSERINNERNBERGSONDERNHAMBURGHERRLICH

▶ 3.07 **b** Hören Sie und wiederholen Sie.

Der Gebrauch des vokalischen **r** nimmt zu. Viele sprechen heutzutage auch nach kurzem Vokal ein vokalisches **r**!

c Lesen Sie den Text und markieren Sie alle Wörter, in denen das konsonantische *r* optional ist.

Im Januar 2017 wurde Hamburgs neues Wahrzeichen eröffnet: die Elbphilharmonie. Sie ist nicht nur ein Konzerthaus mit zwei Konzertsälen, sondern auch ein Hotel, ein Wohnhaus und ein Parkhaus. Auf einen alten Hafenspeicher war ein modernes Gebäude gesetzt worden. Die Form erinnert an Wellen oder Eisberge. Eigentlich hätte das Gebäude schon 2010 fertig sein sollen, aber es gab Streit und Probleme, sodass sich die Fertigstellung immer wieder verschob. Aber das Warten hat sich gelohnt: Von dem Gebäude hat man einen herrlichen Blick auf die Stadt.

8 Weiblich oder männlich?

▶ 3.08 **a** Welches Wort hören Sie? Kreuzen Sie an.

1 ☐ eine Angestellte ☒ ein Angestellter
2 ☐ eine Jugendliche ☐ ein Jugendlicher
3 ☐ eine Erwachsene ☐ ein Erwachsener
4 ☐ eine Bekannte ☐ ein Bekannter
5 ☐ eine Verwandte ☐ ein Verwandter

▶ 3.09 **b** Hören Sie und wiederholen Sie.

Bitte nicht verwechseln: Wörter mit **-e** und **-er** am Ende klingen ähnlich.
Aber das Wort Angestellt**e** endet mit einem schwachen **e**. → Kapitel B3
Das Wort Angestellt**er** hat am Ende ein vokalisches **r**.

C2 Die Konsonanten p, t, k – b, d, g

1 Richtig ausgesprochen?

▶ 3.10 Was sagt die Frau? Was meint sie? Hören Sie und kreuzen Sie an.

Sie sagt: ☐ Paarprüfung ☐ Barprüfung
Sie meint: ☐ Paarprüfung ☐ Barprüfung

p, **t** und **k** muss man mit Energie und Druck sprechen. Die Laute müssen explodieren. Man hört häufig ein *h* dabei. Die Laute sind viel kräftiger als **b**, **d** und **g**.

Besonders viel Kraft braucht man für **p**. Legen Sie einen Wattebausch auf den Tisch und versuchen Sie, den Wattebausch vorwärtszubewegen, indem Sie „p-p-p-p“ oder Wörter mit **p** sagen: „Papier“. Sehen Sie sich auch das Video an. ▶ 22

Achten Sie darauf, **t** und **d** gut zu unterscheiden. ▶ 23

Auch bei **k** und **g** ist der Unterschied deutlich erkennbar. ▶ 24

2 Sport

▶ 3.11 **a** Hören Sie und wiederholen Sie.

1 tauchen 2 klettern 3 Tischtennis spielen 4 Kampfsport machen
5 Pilates machen 6 reiten

▶ 3.12 **b** Hören Sie die Frage und antworten Sie mit den Wörtern aus **a**.
Hören Sie zuerst ein Beispiel.

- ● Machst du gern Sport?
- ▲ Na klar. Ich mache viel Sport. Am liebsten tauche ich.

3 „t" am Ende

a Ergänzen Sie im Präsens und im Präteritum.

	Präsens	Präteritum
1 tippen	er/sie *tippt*	er/sie *tippte*
2 parken	er/sie ________	er/sie ________
3 planen	er/sie ________	er/sie ________
4 kaufen	er/sie ________	er/sie ________
5 kosten	er/sie ________	er/sie ________
6 klopfen	er/sie ________	er/sie ________

▶ 3.13 **b** Hören Sie und wiederholen Sie.

▶ 3.14 **c** Sätze sprechen: Hören Sie und wiederholen Sie. Achten Sie auf die korrekte Endung des Verbs.

> Hören Sie am Wortende *e*, auch wenn keins da ist? Das liegt daran, dass Konsonanten im Deutschen oft sehr hart gesprochen werden. Hören Sie in **3b** und **c** ganz genau zu: Konsonant und Stopp!

4 Kleine, aber wichtige Unterschiede

▶ 3.15 **a** Hören Sie und ergänzen Sie die fehlenden Buchstaben.

1	• *G*eld	• __älte	4 __latt	• __latt
2	• __arten	• __arten	5 __anken	__anken
3	• Ge__äck	• Ge__äck	6 __ir	• __ier

b Hören Sie noch einmal und wiederholen Sie.

5 Im Urlaub

▶ 3.16 **a** Hören Sie und wiederholen Sie. Konzentrieren Sie sich auf die fett markierten Buchstaben.

A**b**enteuer erle**b**en **B**ücher lesen in **d**en **B**er**g**en wan**d**ern Freun**d**e in **B**erlin **b**esuchen **d**en **D**om **b**esichti**g**en interessanten Menschen **b**e**g**e**g**nen

▶ 3.17 **b** Karaoke: Hören Sie und lesen Sie die Antworten laut.

1 ● ...
▲ Ich hoffe, Abenteuer zu erleben.

2 ● ...
▲ Ich habe vor, viele Bücher zu lesen.

3 ● …
▲ Ich plane, in den Bergen zu wandern.

4 ● …
▲ Ich werde Freunde in Berlin besuchen.

5 ● …
▲ Ich will auf jeden Fall den Dom besichtigen.

6 ● …
▲ Ich freue mich darauf, interessanten Menschen zu begegnen.

!

b, **d** und **g** werden nicht ganz so weich gesprochen wie in anderen Sprachen.
Beachten Sie:

- **b** ist nicht wie **w**. Sie müssen bei **b** die Lippen komplett schließen. Üben Sie so: mmmm, m-ba, m-ba, mba, Mamba, Samba, Rambazamba ▣ 25
- **g** ist deutlich im Hals artikuliert – genau wie **k**. Üben Sie mithilfe von **r**: rau – grau – Rose – groß – Rippe – Grippe ▣ 26
- **d** ist nicht wie *th* im Englischen („this")! Die Zunge bleibt hinter den Zähnen am Gaumen, sie ist in derselben Position wie bei **t**. Bitte die Zunge nicht nach oben rollen. ▣ 27

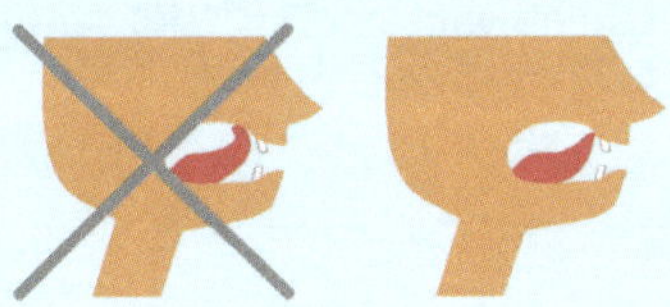

6 Duschen für die Umwelt

▶ 3.18 **a** Hören Sie und ergänzen Sie die fehlenden Buchstaben.

Es ist __e__ann__, dass Duschen für die Umwel__ __esser ist als __a__en. __eim __a__en wer__en __is zu 150 Li__er Wasser ver__rauch__, __eim __uschen wei__ weni__er. A__er auch hier zähl__ je__e Minu__e. Wer zehn Minu__en __usch__, __ann sich auch __leich in die __a__ewanne le__en. __arum wäre es __u____, das Wasser auszumachen, während man sich wäsch__. Muss man ü__erhau__ __äglich __uschen? Wer nicht __era__e vom __er__stei__en oder von der __ar__enar__ei__ __omm__, __önn__e auch einmal darauf verzich__en.

b Lesen und sprechen Sie den Text.

7 Probleme mit der Heizung

▶ 3.19 **a** Hören Sie und wiederholen Sie. Achten Sie auf die fett markierten Buchstaben.

währen**d** o**b**wohl deshal**b** (2x) soba**ld**

b Ergänzen Sie das passende Wort aus **a**.

Wir hatten oft Probleme mit der Gasheizung, *deshalb* haben wir einen Servicevertra**g** a**b**geschlossen. Schließlich fiel die Heizung komplett aus, __________ entschie**d** mein Mann: „Sie wir**d** jetzt ausgetauscht!". __________ wir mehrmals nach dem Techniker gefra**g**t hatten, kam nieman**d**. „__________ er einen Termin frei hat, gi**b**t er Beschei**d**", sa**g**te die Dame am Telefon dauern**d**. __________ wir warteten, mussten wir im Kalten und Dunklen sitzen. En**d**lich kam unser Retter – der Techniker!

▶ 3.20 **c** Hören Sie und lesen Sie mit.

> Am Wortende spricht man **b** als **p** (deshal**b**), **d** als **t** (währen**d**) und **g** als **k** (• Vertra**g**). Sehen Sie sich auch das Video an. ▶ 28
>
> Vor Konsonanten spricht man **b**, **d**, **g** wie **p**, **t**, **k**: o**b**wohl, en**d**lich, (sie) sa**g**te
>
> **!**

8 Partizip I

a Ergänzen Sie das Partizip I in der richtigen Form.

1 sprechen**d** eine *sprechende* • Puppe
2 blühen**d** __________ • Pflanzen
3 weinen**d** ein __________ • Baby
4 schlafen**d** eine __________ • Katze
5 fliegen**d** ein __________ • Teppich
6 anstrengen**d** eine __________ • Arbeit

▶ 3.21 **b** Hören Sie und wiederholen Sie.

9 Mit Emotion, bitte: Ein störender Beifahrer

▶ 3.22 **a** Hören Sie und lesen Sie mit. Achten Sie auf die fett markierten Wörter.

Achtung! Da kommt ein Auto **entgegen**. ... Da vorne musst du rechts **abbiegen**. ... Schrecklich, diese **Abgase** in der Stadt ... Vorsicht, die Ampel ist rot! Du musst **abbremsen**! ... Du, ich habe unter dem Sitz einen Fleck **entdeckt**. ... Warum ich so viel rede? Na, als Beifahrer muss man doch **mitdenken**! ... Ich habe ja meinen Führerschein schon lange **abgegeben**. **Seitdem** fahre ich nur noch **mit den** öffentlichen Verkehrsmitteln ... Na ja, und **mit dir**.

b Lesen und sprechen Sie den Text.

> **!**
> Ein weicher Konsonant wird härter, wenn <u>vor</u> dem weichen Konsonanten ein harter Konsonant steht: en**td**ecken
>
> Auch **b**, **d**, **g** sind am Wort- und Silbenende hart und beeinflussen den folgenden Konsonanten: a**bb**iegen

10 Mit Emotion, bitte: Der Bratapfel

▶ 3.23 **a** Hören Sie und lesen Sie mit.

Der Bratapfel

Kinder, kommt und ratet,
was im Ofen bratet!
Hört, wie's knallt und zischt.
Bald wird er aufgetischt,
der Zipfel, der Zapfel,
der Kipfel, der Kapfel,
der gelbrote Apfel.

Sie pusten und prusten,
sie gucken und schlucken,
sie schnalzen und schmecken,
sie lecken und schlecken
den Zipfel, den Zapfel,
den Kipfel, den Kapfel,
den knusprigen Apfel.

Kinder, lauft schneller,
holt einen Teller,
holt eine Gabel!
Sperrt auf den Schnabel
für den Zipfel, den Zapfel,
den Kipfel, den Kapfel,
den goldbraunen Apfel!

(Volkstümlicher Kinderreim, aus einem Kinderbuch von Emily und Fritz Kögel, 1901)

b Hören Sie noch einmal und sprechen Sie leise mit.

c Lesen und sprechen Sie das Gedicht.

C3 Die Konsonanten s und z

1 Mit Emotion, bitte!

▶ 3.24 Hören Sie und wiederholen Sie.

Kla**ss**e! **S**uper! Wie **s**pannend! Einfach gro**ß**artig! Au**s**gezeichnet!

Boah! **S**tark! Echt hei**ß**! Be**s**onder**s** toll! Rie**s**ig schön! Fanta**s**ti**s**ch!

!

Am Wortanfang (**s**uper) und am Silbenanfang (be**s**onders) spricht man das **s** weich und mit viel Stimme (= stimmhaft). Legen Sie die Hand an den Hals und sagen Sie „mmmm“. Spüren Sie die Vibration? Sagen Sie dann: „Mmmm, super.“

In allen anderen Positionen spricht man das **s** scharf und ohne Stimme (= stimmlos): besonder**s**. Denken Sie dabei an eine Schlange.

Sehen Sie sich das Video an. ▶ 29

In Österreich, in der Schweiz und in manchen Regionen Deutschlands spricht man **s** in jeder Position stimmlos.

Beachten Sie die Orthografie bei einem stimmlosen **s**:
- **ss** nach kurzem Vokal (kla**ss**e)
- **ß** nach langem Vokal (gro**ß**artig) und *au, ei, eu/äu* (hei**ß**)
- Für Wörter mit nur einer Silbe gibt es keine klaren Regeln (hei**ß**, • Ei**s**, wa**s**, • Pa**ss**).

In der Schweiz gibt es den Buchstaben **ß** nicht. Man schreibt **ss**.

st (**st**ark) spricht man am Wort- und Silbenanfang „scht“, **sp** (**sp**annend) spricht man „schp“ → Kapitel C4

2 Berufe

a In welchen Berufsbezeichnungen kommt ein stimmhaftes *s* vor? Markieren Sie die Wörter.

• Sängerin • Künstlerin • Friseur • Zahnarzt

• Musiker • Schauspieler • Angestellte • Kassiererin

• Sekretär • Sozialarbeiterin • Physikerin • Fußballerin

▶ 3.25 **b** Hören Sie und wiederholen Sie.

3 Pläne für den Abend

a Ergänzen Sie *s*, *ss* oder *ß*.

- Endlich Sonne! La___ uns einen Abend___paziergang am ___ee machen.
- Mu___ da___ sein? Heute Abend kommt Fu___ball im Fern___ehen.
- Aber er___t ___päter. Au___erdem will ich heute Abend die___e lu___tige ___erie ___ehen … wie hei___t sie noch?
- Nein! Ich mu___ unbedingt da___ Ergebni___ de___ ___piel___ wi___en. Außerdem ist diese Serie nicht interessant.
- Nur, wenn du mit mir rau___geh___t.
- Mit dir hat man nur ___tre___!
- Wie___o? Du ___ag___t doch immer, da___ dir ___port wichtig i___t.
- Du wei___t doch, da___ ich damit ___ofa, Chips und Sport im Fern___ehen meine.

▶ 3.26 **b** Hören Sie und sprechen Sie leise mit.

4 Orientierungslauf

▶ 3.27 Hören Sie und lesen Sie mit. Achten Sie auf die fett markierten Buchstaben.

Mittwochs und freita**gs** bin ich im Wald unterwe**gs**
und trainiere Orientierungslauf.
Der ständige We**chs**el von Gehen, Laufen und Springen
macht e**x**trem viel Spaß.
Und man lernt, Entscheidungen zu treffen:
Gehe ich rechts, lin**ks**, geradeaus?
Ein Sport für Kinder und Erwa**chs**ene!

> **!** Die Buchstabenkombinationen **ks**, **gs**, **x** spricht man „ks". Auch **chs** ist häufig „ks" (• Lachs), aber nicht immer (mittwoc**hs**).

5 Im Urlaub

▶ 3.28 **a** Hören Sie und wiederholen Sie. Achten Sie auf fett markierten Buchstaben.

• **S**icht – • Au**ss**icht • **S**ache – • Geschmack**ss**ache
• **S**ouvenir – diese**s S**ouvenir **s**ich – mu**ss s**ich

▶ 3.29 **b** Sätze sprechen: Hören Sie und wiederholen Sie.

> **!** Wenn ein stimmloses **s** am Wort- oder Silbenende auf ein stimmhaftes **s** am Wort-/Silbenanfang trifft, spricht man nur einmal **s**. Dieses **s** ist stimmlos.

6 Richtig ausgesprochen?

▶ 3.30 Was sagt der Mann? Was meint er? Hören Sie und kreuzen Sie an.

Er sagt: ☐ Saal ☐ Zahl Er meint: ☐ Saal ☐ Zahl

Verwechseln Sie nicht **s** und **z**! Der Buchstabe **z** steht im Deutschen für **ts**.

Legen Sie Ihre Zunge in die Position von **t**. Drücken Sie sie fest gegen die oberen Zähne und sagen Sie „t-t-t" … Stellen Sie sich dabei vor, dass Ihre Zähne eine Barriere bilden. Ziehen Sie die Zunge dann mit scharfem (= stimmlosem) „s" zurück: „t – ssss, t – ssss, t – ssss" …

Machen Sie bei **z** eine Geste: Ziehen Sie imaginär etwas zu sich her.

Sehen Sie sich auch das Video an. ▣ 30

7 Zuckerdiskussion

▶ 3.31 **a** Hören Sie und markieren Sie alle *z* und *tz*.

1 ● Zucker ist eine Droge.
▲ Na ja. Zu viel Zucker ist zwar ungesund, aber man muss nicht übertreiben.

2 ● Man muss auf Zucker ganz verzichten.
▲ Das bezweifle ich. Dann müsste man auch auf Obst und Brot verzichten!

3 ● Das Wort „Zuckerfrei" zieht sich zurzeit durch die sozialen Netzwerke.
▲ Ja, aber trotzdem konsumieren wir heutzutage zu viel Zucker.

4 ● Zucker macht dick und ist schlecht für die Zähne.
▲ Das ist leider richtig. Zu viel von etwas ist nie gut. Das Problem ist, dass die Menschen oft zu wenig Informationen über Ernährung haben.

Wörter mit -**tion** spricht man mit **z** („zjon"): „Informazjon". Die letzte Silbe ist betont. Der Artikel ist immer *die*.

b Lesen und sprechen Sie die Dialoge. Achten Sie auf *z/tz*.

> **!**
> Am Wortanfang (● **Z**ucker), am Silbenanfang (ver**z**ichten) sowie nach *au, ei, eu/äu* (● Schwei**z**) schreibt man **z**.
> Nach kurzen Vokalen schreibt man **tz** (Ne**tz**werke).
> Ausnahme: ● Pi**zz**a, spa**z**ieren gehen

8 Das Bewerbungsgespräch

▶ 3.32 **a** Was hören Sie? Ergänzen Sie die fehlenden Wörter und Buchstaben.

● Guten Tag, Herr Seitz. Nehmen Sie doch bitte *Platz*.

▲ Danke ________.

● Er______len Sie doch bitte etwas über sich.

▲ Gern. Also, ich habe zwei ____mester Phy______ studiert. Aber das war ____ viel Theorie. Deshalb habe ich mich ____ einem W________el als ______temelektroniker entschlossen. Ich habe die Ausbildung vor Kur______ abgeschlossen und bin nun auf der ____che nach einer Stelle.

● Ihr ______gnis habe ich ge____hen. Es ist ausge__________net. Haben Sie Erfahrung im Kunden______vice?

▲ Ja. Unsere Kunden ____gen, dass ich fl______ig und ____verlässig bin. Ich hätte auch noch eine Frage: Wie sind denn die Ar__________zeiten?

● Also, bei uns muss man fle____bel sein. Das sind Sie doch, oder?

▲ ____________verständlich.

b Lesen Sie den Dialog nun selbst und konzentrieren Sie sich auf den Laut, der Ihnen besonders schwerfällt: Das stimmhafte *s*? Das *z*? Etwas anderes?

9 Zungenbrecher

▶ 3.33 Hören Sie und sprechen Sie dann selbst.

Zwischen **z**wei **Z**wetschgen**z**weigen
si**tz**en **z**witschernd **z**wei Schwalben.

C4 Die Konsonanten sch, ch, h

1 sch erkennen

▶ 3.34 **a** In welchem Wort hören Sie *sch*? Kreuzen Sie an.

	1. Wort	2. Wort		1. Wort	2. Wort
1	☐	☐	5	☐	☐
2	☐	☐	6	☐	☐
3	☐	☐	7	☐	☐
4	☐	☐	8	☐	☐

▶ 3.35 **b** Hören Sie *s* oder *sch*? Ergänzen Sie.

• Saal • _____atz _____ieben • Ge_____icht • _____ein
(hat) ge_____ehen • _____oße _____ätzen

c Hören Sie noch einmal die Wörter aus **a** und wiederholen Sie.

Sagen Sie „ssss". Machen Sie mit den Lippen ein **o** oder **u**. Ziehen Sie die Zunge ein bisschen zurück. Achtung: Die Lippen bleiben in der **o**- oder **u**-Stellung.

Stellen Sie sich vor, dass Sie etwas Schweres wegschieben möchten.
Machen Sie diese Geste und sagen Sie „**schschsch**...ieben".

Sehen Sie sich auch das Video an. ▶ 31

2 Eheschließung

▶ 3.36 **a** Hören Sie und lesen Sie mit.

Es war einmal ein Mann, der hatte drei Söhne. Der eine hieß Schack, der andre hieß Schackschawwerack, der dritte hieß Schackschawwerackschackommini. Nun war da auch eine Frau, die hatte drei Töchter. Die eine hieß Sipp, die andere hieß Sippsiwwelipp, die dritte hieß Sippsiwwelippsippelimmini. Und Schack nahm Sipp, und Schackschawwerack nahm Sippsiwwelipp, und Schackschawwerackschackommini nahm Sippsiwwelippsippelimmini zur Frau.

(Volkslied nach mündlicher Überlieferung aus Kassel um 1911, Verfasser unbekannt)

b Lesen Sie und sprechen Sie den Text.

3 Mit Emotion, bitte: Spaß muss sein

a Was bedeuten die Sätze? Verbinden Sie.

1 Spaß muss sein.
2 Spaß beiseite!
3 Da hört der Spaß auf.
4 Sie versteht keinen Spaß.
5 Viel Spaß!
6 Na, das ist ein teurer Spaß.

a Amüsier dich gut.
b Sie ist humorlos.
c Ein kleiner Scherz schadet nicht.
d Das kostet viel Geld.
e Das geht zu weit, das ist nicht (mehr) lustig.
f Jetzt aber mal im Ernst!

▶ 3.37 **b** Hören Sie und wiederholen Sie.

> **!** Am Wortanfang und am Silbenanfang schreibt man **sp** (● **Spaß**) und **st** (ver**st**ehen), aber man spricht „schp" und „scht". Sehen Sie sich auch das Video an. ▣ 32 → Kapitel C3

4 Wegbeschreibung

a Ergänzen Sie *s* oder *sch*.

● Wie komme ich mit dem Auto zu dir? *Sch*ickst du mir eine Wegbe_____reibung?

▲ Ach was, das ist nicht _____wer. Du fährst in die _____tadt rein und immer die Ring_____traße entlang bis zum _____tadion. Dort musst du aufpassen, dass du auf der rechten _____pur bleibst. Dann kommst du automati_____ zum _____panischen Platz. Noch ein _____tück geradeaus und an der großen Kreuzung links. _____on bist du da!

● Ich _____ätze, ich nehme doch lieber die _____traßenbahn.

▶ 3.38 **b** Hören Sie und sprechen Sie leise mit.

5 ch erkennen – Teil 1

▶ 3.39 **a** Welches Wort hören Sie? Kreuzen Sie an.

1	☐ dich	☐ dick
2	☐ ● Menschen	☐ München
3	☐ weich	☐ weg
4	☐ ● Löcher	☐ löschen

> **!** Den sogenannten „ich-Laut" spricht man nach
> – *ä, ö, ü, e, i*: di**ch**
> – nach *äu, eu und ei*: wei**ch**
> – nach Konsonanten: Mün**ch**en

b Hören Sie noch einmal und wiederholen Sie.

ch wird an derselben Stelle gesprochen wie das deutsche **j** in „ja". Bei **j** können Sie eine Vibration spüren, wenn Sie die Hand an den Hals legen. Flüstern Sie und versuchen Sie, das **j** mit viel Druck zu sprechen. Es entsteht **ch**.

Sehen Sie sich auch das Video an. ▶ 33

Oder kichern Sie schnell: hihihi. Versuchen Sie ein geflüstertes Kichern. Es entsteht **ch**.

6 Wortbildung

a Bilden Sie aus den Nomen Diminutive mit *-chen*.

1 • Stuhl • Stühlchen
2 • Teller • ______
3 • Becher • ______
4 • Messer • ______
5 • Brot • ______
6 • Löffel • ______
7 • Bett • ______

▶ 3.40 **b** Schneewittchen und die sieben Zwerge: Hören Sie die Fragen der Zwerge und wiederholen Sie.

7 Wetter-Adjektive

a Ergänzen Sie die Adjektive mit *-ig*, *-lich* oder *-isch*.

1 nebl*ig*	nebl______e Tage
2 stürm______	stürm______er Wind
3 sommer______	sommer______es Wetter
4 niedr______	niedr______e Temperaturen
5 regner______	ein regner______er Frühling
6 freund______	freund______es Wetter

▶ 3.41 **b** Hören Sie und wiederholen Sie.

-ig spricht man am Wort- und am Silbenende wie „-ich": neb**lig**. Zwischen Vokalen aber „g": neb**li**ge Tage. In Süddeutschland, Österreich und in der Schweiz spricht man immer „-ig".

8 ch erkennen – Teil 2

▶ 3.42 **a** Welches Wort hören Sie? Kreuzen Sie an.

1 ☐ • Buch ☐ • Busch
2 ☐ • Sack ☐ • Sache
3 ☐ • Nacht ☐ (er/sie) nascht
4 ☐ tauchen ☐ tauschen
5 ☐ (er/sie) roch ☐ • Rock

!
Den sogenannten „ach-Laut“ spricht man nach
– *a, o, u*: • **Buch**
– nach *au*: **tauchen**
Achtung: Die Aussprache von **ch** kann sich ändern, wenn sich der Vokal im Wort ändert:
• **Buch** – • **Bücher**

b Hören Sie noch einmal und wiederholen Sie.

Der „ach-Laut“ wird an derselben Stelle gebildet wie das Reibe-r. → Kapitel C1
Sagen Sie „rrrr“ und nehmen Sie die Stimme weg.
Es entsteht **ch**. ▣ 34
Stellen Sie sich dabei vor, dass Sie beim Zahnarzt sind.
Der Schlauch, der den Speichel absaugt, klingt ähnlich.

9 Die Tageskarte

a Wo muss man *ch* wie in „ich“ sprechen, wo wie in „ach“? Ordnen Sie zu.

UNSERE TAGESGERICHTE
Lau**ch**suppe mit geräu**ch**ertem Lachs
Züri**ch**er Geschnetzeltes
Hähn**ch**en mit Reis
leckerer Ku**ch**en
frische Mil**ch**

In Verbindung mit *s* spricht man **chs** oft „ks“: • **Lachs** („Laks“)
→ Kapitel C3

Wie in "ich": ______________________________
Wie in "ach": ______________________________

▶ 3.43 **b** Hören Sie und wiederholen Sie.

10 Richtig ausgesprochen?

▶ 3.44 Was sagt der Mann? Was meint er? Hören Sie und kreuzen Sie an.

Er sagt: ☐ Ecke ☐ Hecke
Er meint: ☐ Ecke ☐ Hecke

!

Am Wortanfang muss man das **h** sprechen (● **H**ecke). Sehen Sie sich das Video an und machen Sie die Geste. ▶ 35

Das **h** kann aber auch eine orthografische Funktion haben: Es macht den Vokal vor dem **h** lang. In diesem Fall spricht man das **h** dann nicht. Nach dem **h** stehen die Konsonanten *l*, *m*, *n*, *r* (se**hr**) oder das Wort ist zu Ende (● Ze**h**).

11 Ein Unfall

a Lesen Sie und markieren Sie alle *h*, die gesprochen werden müssen.

Ein sehr reicher Mann hat mit seinem teuren Wagen einen Unfall auf der Autobahn. Als die Feuerwehrmänner ihn aus dem Wagen heben und er den völlig zerstörten Wagen sieht, ruft er: „Mein Auto! Mein schönes Auto." Einer der Retter sagt: „Hallo? Ihr Auto ist wohl jetzt nicht wichtig. Sie haben Ihren linken Arm verloren!" Der Fahrer greift sich ans Herz: „Oje, oje, oje, meine neue Uhr! Hunderttausend hat sie gekostet. Hoffentlich finden wir den Arm wieder."

▶ 3.45 **b** Hören Sie und lesen Sie mit. Sprechen Sie dann selbst.

12 Reime

a Was reimt sich auf das Wort? Ordnen Sie zu.

fl • ~~g~~ • l • M • n • Z

1 sehen gehen
2 stehen • ___ehen
3 ziehen ___iehen
4 verzeihen ___eihen
5 mähen ___ähen
6 • Kühe • ___ühe

▶ 3.46 **b** Hören Sie und wiederholen Sie.

Das **h** hat auch die Funktion, zwei Silben zu trennen: s**e**-**h**en, weil sonst zwei Vokale aufeinanderstoßen würden. Man spricht das **h** hier nicht.

!

13 Die drei Spatzen

a Markieren Sie mit drei Farben alle *ch* („ich" und „ach") sowie *h*.

Die drei Spatzen

In einem leeren Haselstrauch,
da sitzen drei Spatzen, Bauch an Bauch.
Der Erich rechts und links der Franz
und mittendrin der freche Hans.
Sie haben die Augen zu, ganz zu,
und obendrüber, da schneit es, hu!
Sie rücken zusammen dicht an dicht,
so warm wie Hans hat's niemand nicht.
Sie hör'n alle drei ihrer Herzlein Gepoch.
Und wenn sie nicht weg sind, so sitzen sie noch.

(Gedicht von Christian Morgenstern, 1871–1914)

▶ 3.47 **b** Hören Sie das Gedicht und lesen Sie mit.

c Lesen und sprechen Sie das Gedicht. Achten Sie auf *ch* und *h*.

Mit diesem Gedicht kann man auch sehr gut **s** und **z** üben. → Kapitel C3
Markieren Sie alle **s**-und **z**-Laute und lesen Sie das Gedicht laut.

C5 Die Konsonanten f, v, w

1 Prioritäten

▶ 3.48 **a** Was ist der Frau und dem Mann wichtig? Hören Sie und ergänzen Sie.

1 ______________________________ ist mir wichtig.
2 ______________________________ ist mir wichtig.
3 ______________________________ ist mir wichtig.
4 ______________________________ sind mir wichtig.
5 ______________________________ ist mir wichtig.

b Lesen und sprechen Sie die Sätze.

c Was ist Ihnen wichtig? Wählen Sie aus den Wörtern und sprechen Sie weitere Sätze.

• **F**reiheit • Heraus**f**orderungen • Ab**w**echslung • **F**amilie
• **f**inanzielle Sicherheit • **f**airer **W**ettbewerb

Legen Sie die untere Lippe an die oberen Zähne. Atmen Sie mit Kraft aus und sagen Sie „ffff“. Machen Sie dabei die Geste wie im Video. ▫ 36
Legen Sie die untere Lippe wieder an die oberen Zähne. Atmen Sie nun vorsichtig aus und sagen Sie „wwww“. Legen Sie dabei die Hand um den Hals und spüren Sie die Vibration. Oder machen Sie die Geste wie im Video. ▫ 37

Das deutsche **w** darf man nicht wie das englische **w** aussprechen. Das deutsche **w** ist wie das englische **v** (**v**ery)!

2 Weder … noch

a Welche Erklärung passt zu welcher Redewendung? Verbinden Sie.

1 Das ist weder Fisch noch Fleisch.
2 Das hat weder Hand noch Fuß.
3 Er fürchtet weder Tod noch Teufel.
4 Er hat weder Sinn noch Verstand.

a Er hat vor nichts Angst.
b Das ist nicht gut vorbereitet.
c Er ist dumm.
d Es ist das Eine nicht und das Andere nicht.

▶ 3.49 **b** Hören Sie und sprechen Sie leise mit. Wiederholen Sie dann.

3 Zungenbrecher

▶ 3.50 Hören Sie und sprechen Sie dann selbst.

Wer nichts **w**eiß und **w**eiß, dass er nichts **w**eiß, **w**eiß mehr als der,
der nichts **w**eiß und nicht **w**eiß, dass er nichts **w**eiß.

4 Positive und negative Empfindungen

▶ 3.51 **a** Hören Sie und wiederholen Sie.

• Verantwortung virtuell kreativ • Vorsicht positiv negativ individuell • Großvater

▶ 3.52 **b** Beantworten Sie die Frage mit Ihrer persönlichen Meinung. Hören Sie zuerst zwei Beispiele.

- Was verbindest du mit dem Wort „Verantwortung"?
- Mit dem Wort „Verantwortung" verbinde ich etwas Positives/Negatives.

!

Man spricht das **v** wie ein **f** in germanischen („deutschen") Wörtern, besonders in den Präfixen *ver-* und *vor-* (• **V**erantwortung) und wie ein englisches **v** in internationalen Wörtern / Wörtern aus anderen Sprachen (**v**irtuell).

Ausnahme: Die Endung **-iv** spricht man am Wortende mit **f** (kreat**iv**), nicht aber zwischen Vokalen (• Kreat**iv**ität).

Sehen Sie sich auch das Video an. ▣ 38

5 Wortschlange

a Finden Sie in der Wortschlange noch sechs Wörter, in denen man ein *f* spricht.

KATASTROPHEAFFEKLAVIERVORWÄRTSERWARTENVEREINVIRUS

SCHWACHAKTIVZWECKWESHALBGEFÜHLVITAMINPHYSIK

▶ 3.53 **b** Hören Sie und wiederholen Sie.

Einige Wörter, die aus der griechischen Sprache stammen, schreibt man mit **ph** (• **Ph**ilosophie, • Al**ph**abet), spricht aber ein **f**.

6 Extremsport mit dem Fahrrad

▶ 3.54 **a** Hören Sie und ergänzen Sie die fehlenden Wörter.

Gesund und *klimafreundlich* unterwegs sein – das wollen viele. Daher __________ sie auf ein Auto und __________ lieber mit dem Fahrrad zur Arbeit. Auch in der __________ nutzen immer mehr Menschen das Fahrrad. Aber manche wollen es extremer: höher, schneller, __________ soll es gehen. Einige reisen mit dem Fahrrad um die __________. Oder durch __________. So wie ein deutscher Student, der nur mit der __________ seiner Beine und seinem Fahrrad durch 15 Länder fuhr und dabei auf __________ Löwen und Soldaten mit __________ traf. Andere nehmen an __________ Radrennen teil. Wieder anderen geht es um den Kick der __________. Bei ihren Rekordversuchen haben ein paar wenige Sportler fast 300 Kilometer pro Stunde geschafft. __________!

b Markieren Sie alle *w* und *v* in **a**. Lesen und sprechen Sie dann den Text.

7 Passende Paare

a Was passt zusammen? Verbinden Sie.

1 • **Pf**lichten	a drücken
2 an der • Tür	b lassen
3 auf den • Kno**pf**	c klo**pf**en
4 die • **Pf**lanzen	d haben
5 sich im**pf**en	e käm**pf**en
6 für oder gegen etwas	f gießen

▶ 3.55 **b** Sätze sprechen: Hören Sie und wiederholen Sie.

Für **pf** braucht man viel Kraft. Üben Sie zuerst nur **p**: „p-p-p-p". Sagen Sie: „Stopp" und „Hopp". Stoppen Sie bei **p**, halten Sie die Luft an. Drücken Sie den Zeigefinger auf den Mund und ziehen Sie mit dem Finger die Oberlippe leicht nach oben. Atmen Sie aus: „ffff".

Sehen Sie sich auch das Video an. 39

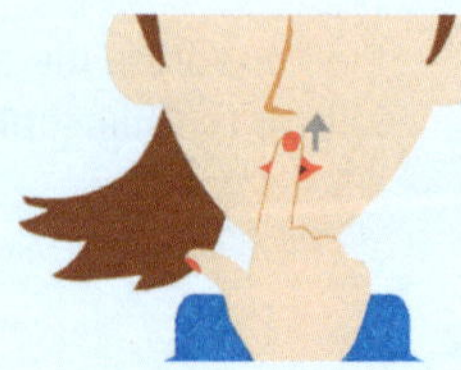

8 w ist nicht b

▶ 3.56 Hören Sie *b* oder *w*? Schreiben Sie den Buchstaben.

1 __b__ __w__
2 _____ _____
3 _____ _____
4 _____ _____
5 _____ _____
6 _____ _____
7 _____ _____
8 _____ _____

Ist Ihre Muttersprache Spanisch? Dann beachten Sie bitte: **b** ist nicht wie **w**!

9 Wörter mit qu

▶ 3.57 Hören Sie und wiederholen Sie.

• **Qu**ark • **Qu**alle • **Qu**adrat • **Qu**ittung • **Qu**alität be**qu**em über**qu**eren

10 Mit Emotion, bitte: Alles Unsinn!

▶ 3.58 **a** Hören Sie und lesen Sie mit.

Ach, Quatsch!
So ein Quatsch!
Das ist totaler Quatsch!
Quatsch mit Soße!
Was redest du für einen Quatsch!

b Lesen und sprechen Sie die Sätze in **a** mit viel Emotion.

Die Buchstabenkombination **qu** spricht man im Deutschen „kv". ▣ 40
Bitte nicht „k" oder „ku" sprechen!
Ausnahme: • Quarantäne („Karantäne")

C6 Der Konsonant l

1 Die Vorteile des Lachens

▶ 3.59 **a** Hören Sie und lesen Sie mit.

Du solltest viel lachen, denn
Lachen ist gesund:
Lachen senkt den Blutdruck
und ist gut gegen Schmerzen.
Lachen hält jung.
Lachen macht schlank.
Lachen macht beliebt.
Ja, Lachen macht sogar klüger!
Lachen macht einfach glücklich.

b Lesen und sprechen Sie den Text.

Die Zunge darf bei l nicht nach hinten rollen wie im Englischen oder in slawischen Sprachen. Die Zungenspitze drückt flach gegen die oberen Zähne wie bei „n". Halten Sie sich die Nase zu. Die Luft kann nicht mehr durch die Nase. Sie muss durch den Mund: „llll". ▶ 41
Legen Sie die Zunge in die Position von „d". Lassen Sie die Luft an den Seiten der Zunge vorbei: „llll".

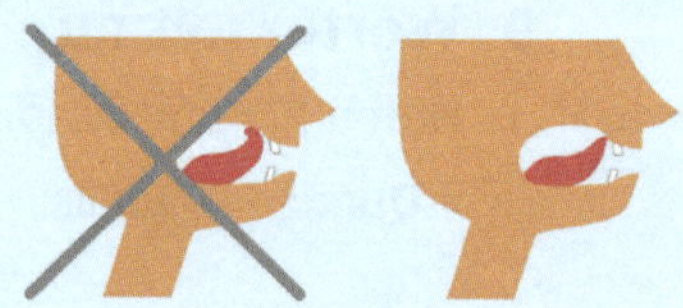

2 Schlechte Laune

▶ 3.60 **a** Hören Sie die Dialoge und lesen Sie mit. Achten Sie auf *l*.

1 ● Was hast du denn?
▲ Ich fühle mich schlecht.

2 ● Weshalb guckst du so?
▲ Ich habe einfach nur schlechte Laune.

3 ● Na, du bist heute aber schlecht gelaunt.
▲ Hm. Ich kann mich heute selbst nicht leiden.

4 ● Was ist los mit dir?
▲ Ich glaube, ich habe nur einen schlechten Tag.

5 ● Was ist dir denn für eine Laus über die Leber gelaufen?
▲ Keine Ahnung. Ich bin wohl mit dem linken Bein zuerst aufgestanden.

b Lesen und sprechen Sie die Dialoge.

3 Reihen mit L

▶ 3.61 **a** In welchem Wort ist kein *l*? Hören Sie genau und kreuzen Sie an.

	1. Wort	2. Wort	3. Wort	4. Wort
1	☐	☐	☒	☐
2	☐	☐	☐	☐
3	☐	☐	☐	☐
4	☐	☐	☐	☐
5	☐	☐	☐	☐
6	☐	☐	☐	☐

b Hören Sie noch einmal und wiederholen Sie.

Bitte verwechseln Sie nicht **r** und **l**! Sie sind nicht gleich. Das **l** spricht man vorne mit der Zungenspitze an den Zähnen. Das **r** sollten Sie lieber im Hals sprechen, wenn Sie **r** und **l** manchmal verwechseln. → Kapitel C1

4 Sehenswürdigkeiten

▶ 3.62 **a** Kennen Sie diese Sehenswürdigkeiten? Hören Sie und lesen Sie mit. Wiederholen Sie dann.

1 Das Sch**l**oss **L**inderhof **l**iegt im süd**l**ichen Bayern und wu**r**de vom be**r**ühmten König **L**udwig II. gebaut.
2 Das Ho**l**stentor ist das bekannteste Stadttor Deutsch**l**ands und **l**iegt in **L**übeck.
3 Das **R**ote **R**athaus ist Sitz des **R**egierenden Bü**r**germeisters von Be**rl**in.
4 Auerbachs Ke**ll**er ist ein histo**r**isches **R**estau**r**ant in der **L**eipziger A**l**tstadt.
5 Qued**l**inbu**r**g ist ein Geheimtipp, obwoh**l** die A**l**tstadt mit ih**r**en k**l**einen St**r**aßen und P**l**ätzen schon **l**ange auf der UNESCO-**L**iste des We**l**tku**l**tu**r**erbes steht.

▶ 3.63 **b** Hören Sie die Frage und antworten Sie mit den Sehenswürdigkeiten aus **a**. Hören Sie zuerst ein Beispiel.

● Hast du schon Urlaubspläne?
▲ Ja. Ich plane einen Urlaub in Deutschland. Ich möchte das Schloss Linderhof besichtigen.

C7 Die Konsonanten ng und nk

1 Präteritum

a Bilden Sie die Präteritum-Formen.

1 gehen (er/sie) *ging*
2 fangen (er/sie) ______
3 springen (er/sie) ______
4 hängen (er/sie) ______
5 klingen (er/sie) ______
6 singen (er/sie) ______

▶ 3.64 **b** Hören Sie und wiederholen Sie.

Bei **ng** schreibt man zwar zwei Buchstaben, es ist aber nur ein Laut. **ng** ist ein Nasal wie **n**. Das bedeutet, dass die Luft durch die Nase geht. Sagen Sie „nnnn“. Die Zungenspitze drückt dabei gegen die oberen Zähne. Öffnen Sie nun den Mund und heben Sie den Zungenrücken so, dass er den hinteren Bereich des Mundes verschließt. Es entsteht **ng**. Auf keinen Fall darf man ein **g** sprechen!
Sehen Sie sich auch das Video an. ▶ 42

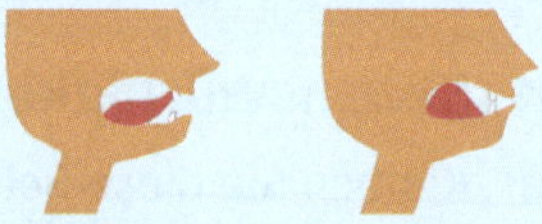

2 Mit Emotion, bitte: Große Eile

▶ 3.65 **a** Hören Sie und lesen Sie mit.

Entschuldigu**ng**!
Achtu**ng**! Aus dem Weg!
Ich hab's eilig.
He, wie la**ng**e soll ich noch warten?
Ob es dri**ng**end ist? Allerdi**ng**s!
Ich muss unbedi**ng**t hier rein.
Wo ist der Einga**ng**?
Ah! Endlich! Vielen Da**nk**!

Wenn **n** und **g** zu verschiedenen Silben/Wortbestandteilen gehören, spricht man sie getrennt: Ein-gang

Wörter mit **nk** spricht man „ngk“.

b Lesen und sprechen Sie den Text.

3 Wörter verbinden

▶ 3.66 Hören Sie und verbinden Sie die gehörten Wörter mit einer Linie. Was sehen Sie?

- denken
- Decken
- Engel
- Enkel
- sinken
- singen
- Schlange
- schlank
- Zunge
- blinken
- bringen

4 Hänsel und Gretel neu erzählt

▶ 3.67 **a** Hören Sie und ergänzen Sie die fehlenden Wörter.

Ein Mann und eine Frau haben zwei Kinder: einen *Jungen* namens Hänsel und ein Mädchen namens Gretel. Eines Tages gehen die Kinder in den Wald und finden nicht mehr nach Hause. Gretel ________ an zu weinen: „Ich habe __________." Sie kommen an ein Haus, voll mit Kuchen und Schokolade. Hänsel drückt seinen _______ auf die ____________: Ding _______! Die Hexe öffnet und sagt: „Kommt herein. Ihr könnt so viel essen und ____________, wie ihr wollt." Hänsel und Gretel sind glücklich. Zum _______ __________ sie der Hexe ein Lied vor. Aber die Hexe ist gar nicht so nett. Sie steckt Hänsel in einen ____________ Keller. „Du wirst ein fetter ______________." Gretel muss einkaufen und putzen. Nach ein paar Tagen hat Gretel eine Idee: Sie läuft zum Supermarkt und kauft einen großen ______________. Den __________ sie der Hexe. Da diese schlecht sieht, ______________ sie, dass sie Hänsel isst. Hänsel und Gretel laufen weg und nehmen so viel Kuchen mit, wie sie können.

(Volksmärchen nach Gebrüder Grimm)

b Lesen und sprechen Sie den Text.

C8 Konsonantenverbindungen

1 Richtig ausgesprochen?

▶ 3.68 Was ist richtig? Hören Sie und kreuzen Sie an.

Der Mann ☐ lügt. ☐ ist klug. ☐ hat Glück.

Zwischen zwei oder mehr Konsonanten darf man keinen Vokal sprechen.

2 Körper und Krankheit

a Lesen Sie die Wörter und markieren Sie alle Konsonantenverbindungen, die drei und mehr Laute (nicht Buchstaben!) umfassen.

• Kopfschmerzen • Krankenpfleger • Arztpraxis • Schmerzpflaster • Blutdruck • Herzschlag • Impfstoff • Sprechstunde

▶ 3.69 **b** Hören Sie und wiederholen Sie.

Bauen Sie lange Wörter langsam auf, entweder von vorne (Kopf – schmer – zen, Kopfschmer-, Kopfschmerzen) oder von hinten (zen – Schmerzen – Kopfschmerzen). Was fällt Ihnen leichter?

3 Wörter mit -bar

▶ 3.70 **a** Hören Sie und wiederholen Sie.

da**nkb**ar fu**rchtb**ar ha**ltb**ar si**chtb**ar **str**afbar tri**nkb**ar

b Welches Wort aus **a** passt? Setzen Sie ein.

1 Wie lange ist die Milch noch *haltbar*?
2 Ich bin dir sehr ______________ für deine Unterstützung!
3 Deutschlands Leitungswasser ist im Allgemeinen ______________.
4 Ist es ______________, jemanden zu beleidigen?
5 Bei der Explosion sind viele Menschen ______________ erschrocken.
6 Es sind keine Verletzungen ______________, aber ein Knochen könnte gebrochen sein.

4 Superlativ

▶ 3.71 **a** Hören Sie und lesen Sie mit. Achten Sie auf die fett markierten Buchstabenfolgen.

Die letzte Woche war am be**sten**, denn:
Ich hatte den schö**nsten** Geburtstag aller Zeiten.
Ich war auf der lusti**gsten** Party überhaupt.
Ich habe mit der freundli**chsten** Beraterin gesprochen, die mir je begegnet ist.
Ich habe den herrli**chsten** Blick von einem Berg genossen.
Ich habe den sympathi**schsten** Menschen kennengelernt, den ich mir vorstellen kann.
Und ich habe in dem gemütli**chsten** Café den be**sten** Kuchen meines Lebens gegessen.

b Hören Sie noch einmal und sprechen Sie leise mit.

> Das reduzierte *-e-* fällt fast oder ganz weg. → Kapitel B3
> Dadurch entstehen längere Cluster, obwohl ein Vokal sichtbar ist:
> den „schö**nstn**" Geburtstag

5 Fugen-s

▶ 3.72 **a** Was fehlt? Hören Sie und ergänzen Sie.

1 • Wirt*schafts*krise • Freund______dienst
2 • Prüf______stress • Bewerb______schreiben
3 • Geschwindig______beschränkung • Haltbar______datum
4 • L______freude • Seh______würdigkeit
5 • Quali______verlust • Universi______professor

b Hören Sie noch einmal und wiederholen Sie.

> **!** Zwischen die Bestandteile von Komposita kommt manchmal ein **-s-**, besonders nach den Endungen *-schaft, -ung, -heit/-keit, -en, -(i)tät.*

C9 Der Konsonant j

1 Logische Reihen

a Ergänzen Sie die Reihe mit dem passenden Wort.

1 • Jahr • Jahrzehnt • Jahrhundert • *Jahrtausend*

2 • April • Mai • Juni • ____________________

3 groß klein alt ____________________

4 • Anorak = • ____________ • Jeans = • Hose

5 • Jogger joggen • Job ____________________

▶ 3.73 **b** Hören Sie und wiederholen Sie.

> **!** Ein **j** wird normalerweise wie in • **J**ahr gesprochen. Wörter aus dem Englischen oder Französischen behalten ihre Aussprache meistens: • **J**eans, • **J**ournalist. Achtung: Manche sprechen das französische Wort „Journalist" heute englisch aus.

> Sprechen Sie immer schneller und leiser: „i-a, i-a, ia, ia, ja, ja, ja."
> Sehen Sie sich auch das Video an. ▣ 43

2 Je ... desto

▶ 3.74 Hören Sie und lesen Sie mit. Wiederholen Sie dann.

1 **J**e fitter man ist, desto **j**ünger fühlt man sich.

2 **J**e öfter man **j**oggt, desto leichter fällt es einem.

3 **J**e zufriedener man mit seinem **J**ob ist, desto seltener wird man krank.

4 **J**e älter man ist, desto mehr Urlaubstage pro **J**ahr bekommt man? Stimmt nicht!

5 **J**oghurt selbst machen: **J**e fetter die Milch ist, desto cremiger wird der **J**oghurt.

3 i wie j

▶ 3.75 **a** Was hören Sie? Kreuzen Sie an.

	1	2	3	4	5	6
i	☐	☐	☐	☐	☐	☐
j	☐	☐	☐	☐	☐	☐

> Vor einem Vokal klingt **i** manchmal wie ein **j**, besonders wenn man schnell spricht.

b Hören Sie noch einmal und wiederholen Sie.

Lösungen und Hörtexte

A1

1

● Was sollen wir heute Abend kochen? Hast du Lust auf frischen Fisch?
▲ Mmh, im Meer.

Er sagt: im Meer
Er meint: immer

2 a/b Regierung regieren liberal europäisch Union Mehrheit Bürgermeister versprechen Nationalfeiertag gewinnen einführen Einführung

c 2 Bürgermeister, Nationalfeiertag 3 einführen, Einführung 4 versprechen, gewinnen 5 europäisch, Mehrheit 6 liberal, Union 7 regieren

3 a/c Verband Schmerzmittel Insektenschutz Thermometer Pinzette

b 2 Schmerzmittel 3 Schere 4 Thermometer 5 Verband 6 Insektenschutz

4 a 2 Wasser 3 Salat 4 Braten 5 Saft

b 1 Milch, Kaffee, Löffel, Milchkaffee, Kaffeelöffel 2 Tee, Wasser, Kocher, Teewasser, Wasserkocher 3 Kartoffel, Salat, Besteck, Kartoffelsalat, Salatbesteck 4 Schweine, Braten, Soße, Schweinebraten, Bratensoße 5 Apfel, Saft, Flasche, Apfelsaft, Saftflasche

5 a 1c 2e 3b 4a 5f

b 1 Freundschaft 2 Unglück 3 Zufriedenheit 4 dankbar 5 wolkenlos 6 Missverständnis

6 a 2 Übersetzung 3 unterhalten 4 unterscheiden 5 umziehen 6 Umarmung

7 b 2 EG 3 TV 4 DDR 5 USA 6 Lkw

8 a Hunde Katzen Affen Löwen Giraffen Elefanten Pferde Schweine Kühe Schafe Schmetterlinge Mücken Fliegen Bienen Insekten Schildkröten Krokodile Schlangen

9 a/b kreativ mutig vernünftig kritisch humorvoll

c
1 ● Wie würdest du dich beschreiben?
▲ Als einen ordentlichen Menschen.

2 ● Wie würdest du dich beschreiben?
▲ Als einen kreativen Menschen.

3 ● Wie würdest du dich beschreiben?
▲ Als einen mutigen Menschen.

4 ● Wie würdest du dich beschreiben?
▲ Als einen vernünftigen Menschen.

5 ● Wie würdest du dich beschreiben?
▲ Als einen kritischen Menschen.

6 ● Wie würdest du dich beschreiben?
▲ Als einen humorvollen Menschen.

A2

2 a

● ... Was kann ich für Sie tun?
▲ Ich möchte mir einen neuen Anzug anschaffen. Könnten Sie mich bitte beraten?
● Sehr gern. Woran haben Sie denn gedacht? Soll es ein Anzug fürs Büro sein oder etwas Elegantes für eine Hochzeit?
▲ Ich brauche ihn für meine Geschäftsreisen.
● In dem Fall empfehle ich Ihnen diesen Anzug hier. Fühlen Sie mal den Stoff. Die Qualität ist ausgezeichnet. Und Sie müssen den Anzug nicht bügeln. Das ist sehr praktisch auf Reisen! Wollen Sie ihn einmal anprobieren?
▲ Gern. Haben Sie auch ein passendes Hemd für mich?
● Wie wäre es mit diesem rosa Hemd?
▲ Rosa? Ich weiß nicht, ob das für einen Mann passt.

- ● Aber ich bitte Sie! Rosa ist total in. Außerdem passt die Farbe ganz wunderbar zu Ihrer Augenfarbe.
  ...
- ▲ Gut. Ich nehme den Anzug.
- ● Eine gute Entscheidung. Wenn Sie mir bitte zur Kasse folgen ...

3 b Lösungsbeispiel: In meiner Präsentation geht es um das Thema: „Brauchen wir das Bargeld noch?" Zuerst möchte ich von der Situation in meinem Heimatland berichten und sie mit Deutschland vergleichen. Dabei gebe ich auch ein persönliches Beispiel. Anschließend gehe ich auf die Vorteile und Nachteile von Bargeld ein. Am Schluss können Sie natürlich Fragen stellen.

Ich komme nun zum ersten Punkt: ...

4 a 2 Linda hat ihren Mann vor drei Jahren auf der **Hoch**zeit ihrer Freundin kennengelernt.
3 Linda hat ihren Mann vor drei **Jah**ren auf der Hochzeit ihrer Freundin kennengelernt.
4 Linda hat ihren **Mann** vor drei Jahren auf der Hochzeit ihrer Freundin kennengelernt.
5 **Lin**da hat ihren Mann vor drei Jahren auf der Hochzeit ihrer Freundin kennengelernt.

b 2 ● Linda hat ihren Mann vor drei Jahren auf einer Party ihrer Freundin kennengelernt, stimmt's?
▲ Linda hat ihren Mann vor drei Jahren auf der **Hoch**zeit ihrer Freundin kennengelernt.
3 ● Aha. Und wann hat sie ihren Mann kennengelernt? Vor drei Monaten?
▲ Linda hat ihren Mann vor drei **Jah**ren auf der Hochzeit ihrer Freundin kennengelernt.
4 ● Hast du das gewusst: Linda hat ihren Freund vor drei Jahren auf der Hochzeit ihrer Freundin kennengelernt!
▲ Linda hat ihren **Mann** vor drei Jahren auf der Hochzeit ihrer Freundin kennengelernt.
5 ● Stell dir vor, Lisa hat ihren Mann vor drei Jahren auf der Hochzeit ihrer Freundin kennengelernt.
▲ **Lin**da hat ihren Mann vor drei Jahren auf der Hochzeit ihrer Freundin kennengelernt.

5 a 2 Es wird **nichts** so heiß gegessen, wie es ge**kocht** wird.
3 Wer **A** sagt, muss auch **B** sagen.
4 Es ist nicht alles **Gold**, was **glänzt**.
5 Wo **Rauch** ist, ist auch **Feu**er.
6 Wer **ein**mal lügt, dem **glaubt** man nicht, und wenn er auch die **Wahr**heit spricht.

b a 3 b 5 c 6 e 4 f 2

6 a/b ... Aus diesem Grund (|) frühstückt er nicht, | sondern holt sich unterwegs etwas beim Bäcker. | Während der stressigen Besprechungen am Vormittag (|) trinkt er nur Kaffee. | Ab und zu (|) isst er ein Stück Schokolade. | In seiner Mittagspause (|) läuft er schnell zum Kiosk | und isst eine Bratwurst. | Während des Essens (|) liest und schreibt er Nachrichten am Handy. | Nach einem langen, langen Arbeitstag (|) ist Martin zu müde zum Kochen. | Er kauft sich entweder ein Fertiggericht im Supermarkt | oder geht ins Schnellrestaurant. |

7 a/b Bist du heute zu Hause? | Ich bekomme ein Paket. | Leider kann ich es nicht annehmen, | weil ich arbeiten muss. | Sei doch bitte so nett | und nimm es für mich an. | Vielen Dank für deine Hilfe. |

8 a/b 2 2 James Bond **hei**ratet demnächst, | Miss **Mo**neypenny. |
1 James Bond heiratet demnächst Miss **Mo**neypenny. |
3 1 Meine **Toch**ter, | sagt meine **Mut**ter, | ist ein **En**gel. |
2 Meine **Toch**ter sagt, | meine Mutter ist ein **En**gel. |
4 1 Es ist oft nicht **leicht** für faule Menschen, | eine passende **Ar**beit zu finden. |

2 Es ist oft nicht **leicht**, | für **fau**le Menschen eine passende **Ar**beit zu finden. |

5 2 Medikamente helfen **nicht**, | **nur** für den Mo**ment**. |

1 Medikamente **hel**fen, | **nicht** nur für den Moment. |

6 2 Der Professor empfiehlt dem Stu**den**ten, | kor**rekt** zu antworten. |

1 Der Professor emp**fiehlt**, | dem Studenten kor**rekt** zu antworten. |

9 a/b Ein Walfisch und ein Thunfisch treffen sich im Meer. Da fragt der Walfisch: „Was wollen wir heute tun, Fisch?" Der Thunfisch antwortet: „Du hast die Wahl, Fisch."

A3

1 b ↓

1 Ich nehme ein Wasser. / Für mich darf es gern ein Sekt sein. / Ich habe vier Katzen. / Ich habe eine Katzenhaarallergie. / Eine Allergie gegen Katzen. / Wir müssen leider sofort gehen.
2 Kommt doch rein!
3 Oje! / Wie schade!
4 Was darf ich euch zu trinken anbieten?

↑

1 Ein Gläschen Sekt vielleicht? / Ist hier irgendwo eine Katze? / Eine?
2 Was hast du?

↗ ↓

Einen Sekt oder auch lieber etwas Alkoholfreies?

→ ↓

1 Ich habe Wasser, Orangensaft und alkoholfreies Bier da.
2 Wenn es möglich ist, würde ich lieber etwas Alkoholfreies trinken.

2 a/b **Scha**de, → dass du nicht er**reich**bar bist. ↓ Du **weißt** ja, → dass ich seit ein paar Monaten in **Eng**land studiere. ↓ Leider fühle ich mich nicht besonders **wohl** hier → und habe schreckliches **Heim**weh. ↓ Jetzt habe ich ein **su**per Angebot von meinem Professor in **Tü**bingen erhalten. ↓ Soll ich das Semester zu **En**de machen ↗ oder das **Job**angebot annehmen? ↓ Was **rätst** du mir? ↓ Melde dich bitte **schnell**. ↓

3
2 freundlich: 1, unfreundlich: 2
3 freundlich: 2, unfreundlich: 1
4 freundlich: 1, unfreundlich: 2
5 freundlich: 1, unfreundlich: 2
6 freundlich: 2, unfreundlich: 1

4 a/b/c

2 Ich wünsche mir einen Freund. ↓ Ich kann mich auf ihn verlassen. ↓
Ich wünsche mir einen Freund →, auf den ich mich verlassen kann. ↓

3 Man sollte Freunde haben. ↓ Man kann sie um Rat bitten. ↓
Man sollte Freunde haben →, die man um Rat bitten kann. ↓

4 Hast du eine Freundin? ↑ Du würdest ihr sogar Geld leihen. ↓
Hast du eine Freundin →, der du sogar Geld leihen würdest? ↑

5 Bei Freundschaft denke ich an Linus. ↓ Ich kenne ihn seit dem Kindergarten. ↓
Bei Freundschaft denke ich an Linus →, den ich seit dem Kindergarten kenne. ↓

6 Hanne und Hannes sind gute Freunde. ↓ Ich verbringe gern Zeit mit ihnen. ↓
Hanne und Hannes sind gute Freunde →, mit denen ich gern Zeit verbringe. ↓

5 a
2 Meinst du **wirk**lich?
3 Es ist mir wirklich **un**angenehm.
4 **Re**den wir nicht mehr davon.
5 Jetzt **hör** aber auf.

b
● Das war so peinlich!
▲ Alles halb so schlimm.
● Meinst du wirklich?
▲ Ich bin ganz sicher. Das kann doch jedem mal passieren.
● Es ist mir wirklich unangenehm.

- ▲ Reden wir nicht mehr davon.
- ● Ich schäme mich so.
- ▲ Jetzt hör aber auf!
- ● Ja, ja, schon gut.

B1

1

● Hallo, ich bin Ben und lebe in Liechtenstein. Das ist ein Stadt zwischen Österreich und der Schweiz. Das Land ist nur 160 Quadratkilometer groß.

Er sagt: Stadt
Er meint: Staat

2 a/b
2 Säge 1, Säcke 2
3 beten 1, Betten 2
4 siezen 2, sitzen 1
5 wohl 1, Wolle 2
6 Öfen 2, öffnen 1
7 Kuchen 2, gucken 1
8 fühlen 2, füllen 1

c 2 füllen, Wolle 3 fühle, wohl 4 nasse, Säcke 5 Öfen, sitzen 6 öffnen, Betten 7 Kuchen, Säge

3 a
langer Vokal: Papier, Bücher, Schere, Fotos
kurzer Vokal: Stift, Ordner, Unterlagen, Abfall, Lexikon

4 a erhöht, Mehr, ihres, Einkommens, müssen, Betroffen, allem, immer, mehr, sodass, Bezahlbare, Wohnungen, fehlen

5 a
dir das er für grün Hut in
mit Mut los nur rot schon
was weg Weg wir zum Zug

7 2 er/sie schloss 3 essen er/sie aß 4 nehmen er/sie nahm 5 kommen er/sie kam 6 waschen er/sie wusch

8 a/b Konsum, Meer, Natur, reduzieren, sparen, Strom, Mobilität

c
1 ● Was machst du, um die Umwelt zu schützen?
▲ Ich versuche, Strom zu sparen.

2 ● Was wird sich in Zukunft am meisten ändern?
▲ Die Mobilität der Menschen wird sich verändern.

3 ● Was tust du für die Umwelt?
▲ Ich reduziere meinen Fleischkonsum.

4 ● Wie wichtig ist dir Umweltschutz?
▲ Sehr wichtig. Ohne die Natur können wir nicht leben.

5 ● Können wir noch etwas gegen den Klimawandel tun?
▲ Nein, denn das Klima hat sich bereits verändert.

6 ● Was findest du am schlimmsten?
▲ Dass Plastik die Meere verschmutzt.

9 b Boot, Meer, Leere, biss, war, küsste, Wahl

10 a 2 a 3 e 4 b 5 c
b 2 Man soll den Tag nicht vor dem Abend loben.
3 Es ist noch nicht aller Tage Abend.
4 Rom ist auch nicht an einem Tag erbaut worden.
5 Die Sonne bringt es an den Tag.

B2

1 1 Blatt 2 Nagel 4 Schlange 5 Tafel 6 Tasche

2 a Arzt, habe, Banane, Schale, das, fragt, Waren, antwortet

4 a 2 schwächer 3 nasser 4 härter 5 klarer 6 kränker 7 näher 8 flacher

5 a
2 Aber ich wäre gern oft in Hamburg.
3 Aber ich hätte gern eine Badewanne.
4 Aber ich wäre gern schlank.
5 Aber ich hätte gern mehr Kraft.
6 Aber ich wäre gern Anwältin.

6 a 2 hoch 3 tief 4 voll 5 gute 6 einzeln

B3

1 ● Was ist mit Tom? Fällt er heute?

Er sagt: Fällt er?
Er meint: Fehlt er?

2 Februar, Beere, Pferd, Mehl, Schere, Museum, Leder

3 Medizin, Thema, Region, Creme, Menü, Ozean

Lösung: A

4 a dem, Feld, See, bedeckt, Zehen, denn, es, Februar, Menschen, gehen, Regen, Nebel, senkt, November

5 a Ozeanen, unvorstellbare, Mengen, Lebensgefährlich, Delfine, Seevögel, Umweltschützer, beschweren, Regierungen, wenig, dagegen, jeder, mithelfen, Trenne, anderem, Pflege-, Kosmetikprodukte, Abfälle, dem, werden, den, nächsten, geweht, Meer, Bettwäsche, Naturmaterialien, Projekte, etwas, gegen, den, unternehmen, Geld, spenden, ehrenamtlich, Erzähle, den, Problemen, erkläre, Je, mehr, Menschen, desto, schneller, etwas, ändern

7 b 1 Schlesien, waren 2 Wer, mir, Meter 3 See 4 Mieter, wegen, Regel 5 lieben, Riegel 6 wiegen, schließen, sie

8 a Mitte, Himmel, schwachem, Süden, Landes, verbreitet, Regen, Alpen, besonders, Gebirge

b dürf**e**n, Nord**e**n, Süd**e**n, Sonn**e**nschein, freu**e**n, Temperatur**e**n, Wolk**e**n, schwach**e**m, Himm**e**l, seh**e**n, Mitt**e**, Land**e**s, trock**e**n, neu**e**, b**e**ginnt, verbreit**e**t, Neb**e**l, b**e**sonders, Osthälft**e**, Woch**e**nend**e**, zieh**e**n, einig**e**, b**e**deut**e**t, land**e**sweit, Reg**e**n, höher**e**n, Lag**e**n, G**e**birg**e**, deutsch**e**n, Skig**e**biet**e**, leid**e**n, Schneemang**e**l, müss**e**n, österreichisch**e**n, schweizerisch**e**n, Alp**e**n, ausweich**e**n = 37

9 a 2 Geschenk 3 Getränk 4 Gespräch 5 Gefühl 6 Gebäck

B4

1 1 Lippen 2 Leben 3 Leder 4 Liebe 5 Lieder 6 küssen 7 Kissen 8 Kiste 9 kleben 10 grübeln

Ein *i* ist in: 1, 4, 5, 7, 8

2 a langes i: liefern, reparieren, Maschine, Betrieb, bedienen
kurzes i: Ding, entwickeln, technisch, Vorschrift, Sicherheit

3 a spricht, Ich, ist, passiert, Kollegin, ist, Sie, ihr, sie, sieht, geschieht, Wir, schicken, Sanitäter

B5

1 a 1 Sohn 2 Ofen 3 Post

b 1 Sonne, Sohn 2 offen, Ofen 3 Post, Prost

2 a/b 2 Sommer 3 Socken 4 Brot 5 Vogel 6 Holz

4 a 1 Opfer 2 roh 3 Schuld 4 Sucht 5 tot 6 Ursache 7 Droge 8 Knochen 9 Mut 10 Stufe

2 o 3 u 4 u 5 o 6 u
7 o 8 o 9 u 10 u

6 a hör, Brot, schöner, größte, wohl, Höhe, böse, Könntest, aufhören, unhöflich, Woher, Wörter

7 a Behörde Angehörige benötigen Botschaft Kosten persönlich Dokument Einkommen Öffnungszeiten Wiederhören

B6

1 a 2 gleich 3 nicht gleich 4 nicht gleich 5 gleich 6 gleich

2 a 2 e 3 a 4 c 5 d

b 1 Besuchst du einen Deutschkurs?
2 Gehst du noch zur Schule?

3 Welchen Beruf willst du einmal lernen?
4 Hast du ein Studium absolviert?
5 Hast du an der Universität studiert?

3 Umtausch Umzug Visum Datum Zentrum Eigentum Christentum Heldentum

4
● Kannst du bitte spielen?
▲ Spielen – total gern!
● Danke, das ist sehr nett von dir.
▲ Äh? Ich dachte, wir spielen.
● Nein, du spielst allein! Ich muss jetzt nämlich weg. Ciao.
▲ Spülen! Darauf hätte ich mal kommen sollen.

Der Mann soll das Geschirr spülen.

5 a 1 Mieter, Mütter 2 kurz, Kürze 3 Blüte, Blut 4 Kirche, Küche 5 klug, klüger 6 liegen, lügen 7 küssen, Kissen 8 Frucht, Früchte 9 Krise, Grüße 10 Tür, Tier

6 a Schlüssel Kündigung begründen betrügen Bürger einführen einfügen Flüssigkeit füttern genügen gültig Kostüm künstlich Münze schütteln schützen Überstunde Vergnügen

8 b
2 ● Mein Freund hilft mir nie, ich fühle mich total allein gelassen.
▲ Das Gefühl kenne ich gut.
3 ● Stell dir vor, meine Mitbewohnerin hat mein Fahrrad genommen. Ohne zu fragen! Und dann noch einen Unfall gebaut!
▲ Das ist ein starkes Stück!
4 ● Meine Firma hat mir gekündigt.
▲ Das tut mir sehr leid für dich.
5 ● Alles muss ich selber machen, es ist ungerecht!
▲ Ich verstehe deine Wut, aber übertreibst du nicht ein wenig?
6 ● Erst habe ich mir das Bein gebrochen, dann hat mich mein Freund verlassen und jetzt ist auch noch mein Hund gestorben.
▲ Unglaublich! Du Arme!

9 b
1 ● Könntest du das schnell kopieren?
▲ Natürlich. Das mache ich.
2 ● Wer kann die Grußkarten an die Kunden schreiben?
▲ Das übernehme ich.
3 ● Wir brauchen jemanden, der die Präsentationsmappen zusammenstellt.
▲ Darum kann ich mich kümmern.
4 ● Schreibst du bitte die Rechnungen?
▲ Tut mir leid, dafür bin ich nicht zuständig.
5 ● Das muss bis heute Abend fertig werden.
▲ Ich bemühe mich.
6 ● Immer diese Überstunden, ich kann nicht mehr.
▲ Ich würde dich ja gern unterstützen, aber ich habe einen Termin.

B7

1 a 1 Frau 2 Käufer 3 weiß 4 Lauch 5 leider 6 Bäuche 7 Feuer

2 b
2 ● Heute beginnt unser Urlaub.
▲ Ich freue mich so.

3 ● Deine Partei hat nicht gewonnen. Wie geht es dir damit?
▲ Ich bin sehr enttäuscht.

4 ● Schade, dass dein Freund schon wieder zu spät ist.
▲ Ich bin richtig sauer.

5 ● Hast du schon gehört? Kai und Laura lassen sich scheiden.
▲ Das ist aber traurig.

6 ● Und? Wie findest du die Überraschungsparty?
▲ Ich bin begeistert.

7 ● Omas Vase ist mir runtergefallen. Aber zum Glück ist sie nicht kaputtgegangen.
▲ Uff, da bin ich aber erleichtert.

8 ● Ich bin den Marathon in dreieinhalb Stunden gelaufen.
▲ Wow, beeindruckend!

3 a 2 Fröhlichkeit 3 Schönheit
4 Dankbarkeit 5 Fähigkeit
6 Gesundheit 7 Vergangenheit
8 Sparsamkeit

4 b Geteiltes Leid ist halbes Leid.

c Frau, auch, genauso, zwei, leichter, weißt, Geteiltes, Leid, Leid, geteilte, Freude, Freude

B8

1
- ● Komm, lass uns spazieren gehen. Es ist herrliches Winterwetter.
- ▲ Das geht nicht.
- ● Warum denn nicht?
- ▲ Weil die Straße verreist ist.

Sie sagt: Die Straße ist verreist.
Sie meint: Die Straße ist vereist.

2 b 2 Drei Hochzeiten, zwei Todesfälle, die Geburt meiner Tochter und unser Umzug ins eigene Haus ... Was für aufregende Ereignisse!
3 Meine Kindheit in den Bergen, das war Freiheit pur! Ach, so schöne Erinnerungen!
4 So, hier sind Ihre Zimmerschlüssel. Angenehmen Aufenthalt!
5 Kinder den ganzen Tag allein lassen? Das ist verantwortungslos!
6 Deutsche essen Currywurst und lieben Fußball? Pah! Alles nur ein Vorurteil!

3 a 1 Der | Opernsänger | Oskar trainiert seine | Arien so | intensiv, | als | ob | er bei | einer | Olympiade mitmachen wollte.

2 | Oskar hat viele Freunde. Trotzdem wirkt | er manchmal, als | ob | er sehr | einsam wäre.

3 Wenn | er | erkältet | ist, hört | es sich | an, | als | ob | er | einen Frosch | im Hals hätte.

4 | Oskar läuft | immer so schnell von | Auftritt zu | Auftritt, | als | ob | er | in | Eile wäre.

5 | Er | empfängt den | Applaus des Publikums, | als | ob dieser | ihm | unwichtig wäre.

6 | Er singt | auf | Italienisch, | als | ob | er die Sprache perfekt beherrschen würde. Dabei spricht | er gar kein | Italienisch.

4 a 1
- ● ... Das Meeting hat vor | einer Stunde | angefangen.
- ▲ | Ich weiß! Wäre | ich doch früher | aufgestanden! Dann hätte | ich die | U-Bahn noch | erreicht.

2
- ● | Oh nein! An manchen Tagen geht | echt | alles schief!
- ▲ Was | ist denn los?
- ● Der Computer | ist | abgestürzt. Am besten wäre | es gewesen, | ich hätte den Computer gar nicht | eingeschaltet. Dann wäre | er | auch nicht | abgestürzt.
- ▲ So | ein | Unsinn!

3
- ● Was suchst du denn?
- ▲ Meine Geburts|urkunde. Die brauchen wir doch für das Standes|amt. Ach, hätte | ich die | Unterlagen nur besser ge|ordnet! Dann würde | ich | alles schneller finden.

4
- ● | Ich habe Riesen|ärger mit meiner Versicherung.
- ▲ Warum denn das?
- ● Wegen | eines | Auto|unfalls, den | ich ver|ursacht habe. Wäre | ich nur zu | einem | Anwalt gegangen | und hätte mich beraten lassen!

C1

1 a 1 Haus, raus 2 Regen, legen
3 schreiben, Scheiben 4 leise, Reise
5 Fisch, frisch 6 Art, acht

1 2. Wort 2 1. Wort 3 1. Wort
4 2. Wort 5 2. Wort 6 1. Wort

4 a 2 braten 3 Brot 4 Traum 5 Preis
6 brauchen 7 drücken 8 greifen

b 1 Rolf rennt aus dem Raum. 2 Brauchen wir Brot? 3 Der Preis für den Reis ist zu hoch. 4 Greifen Sie zu roten Früchten! 5 Drücken Sie den Rücken gerade. 6 Auf der Rennstrecke rauchen die Reifen. 7 Es ist schwierig, sich von einem Traum zu trennen. 8 Rate mal, wie ich den Rinderbraten gebraten habe.

5 a Kamera, zufrieden, irgendwie, rot, Problem, klären, Gebrauchsanweisung, Inbetriebnahme, geprüft, ausprobiert, wirklich, ärgerlich, benutzerfreundlich, brauche, Ihren

6 a Uhr Bargeld Täter verhaften Vorfahrt hundert

b Uhr, Männer, Gärtnerplatz, mehr, Bargeld, über, Autofahrern, Vorfahrt, Täter, kurzer, verhaftet, werden

7 a Konzert, fertig, Form, Parkhaus, Berg, Hamburg, herrlich

c Hambu**r**gs, Elbphilha**r**monie, Konze**r**thaus, Konze**r**tsälen, Pa**r**khaus, mode**r**nes, Fo**r**m, Eisbe**r**ge, fe**r**tig, Fe**r**tigstellung, Wa**r**ten, he**rr**lichen

8 a 2 Jugendlicher 3 Erwachsene 4 Bekannte 5 Verwandte

C2

1 ● Die mündliche Deutsch-Brüfung ist normalerweise eine Barbrüfung.

Sie sagt: Barprüfung
Sie meint: Paarprüfung

2 b 2 ● Machst du gern Sport?
▲ Na klar. Ich mache viel Sport. Am liebsten klettere ich.

3 ● Machst du gern Sport?
▲ Na klar. Ich mache viel Sport. Am liebsten spiele ich Tischtennis.

4 ● Machst du gern Sport?
▲ Na klar. Ich mache viel Sport. Am liebsten mache ich Kampfsport.

5 ● Machst du gern Sport?
▲ Na klar. Ich mache viel Sport. Am liebsten mache ich Pilates.

6 ● Machst du gern Sport?
▲ Na klar. Ich mache viel Sport. Am liebsten reite ich.

3 a/b 2 parkt – parkte 3 plant – plante 4 kauft – kaufte 5 kostet – kostete 6 klopft – klopfte

c 1 Tina tippt auf der Tastatur.
2 Papa parkte das Auto.
3 Paul plant eine Reise nach Passau.
4 Klara kauft acht Stücke Kuchen.
5 Der Koffer kostete nicht viel.
6 Tom klopfte an die Tür.

4 a 1 Kälte 2 Karten, Garten 3 Gebäck, Gepäck 4 platt, Blatt 5 tanken, danken 6 dir, Tier

5 b 1 ● Was erhoffst du dir für deine Reise?
▲ Ich hoffe, Abenteuer zu erleben.

2 ● Was erhoffst du dir für deine Reise?
▲ Ich habe vor, viele Bücher zu lesen.

3 ● Was erhoffst du dir für deine Reise?
▲ Ich plane, in den Bergen zu wandern.

4 ● Was erhoffst du dir für deine Reise?
▲ Ich werde Freunde in Berlin besuchen.

5 ● Was erhoffst du dir für deine Reise?
▲ Ich will auf jeden Fall den Dom besichtigen.

6 ● Was erhoffst du dir für deine Reise?
▲ Ich freue mich darauf, interessanten Menschen zu begegnen.

6 a bekannt, Umwelt, besser, Baden, Beim, Baden, werden, bis, Liter, verbraucht, beim, Duschen, weit, weniger, Aber, zählt, jede, Minute, Minuten, duscht, kann, gleich, Badewanne, legen, Darum, gut, wäscht, überhaupt, täglich, duschen, gerade, Bergsteigen, Gartenarbeit, kommt, könnte, verzichten

7 b deshalb, Obwohl, Sobald, Während

8 a 2 blühende 3 weinendes
4 schlafende 5 fliegender
6 anstrengende

C3

2 Sängerin, Friseur, Musiker, Sekretär, Sozialarbeiterin, Physikerin

3 a Lass, Abendspaziergang, See, Muss, das, Fußball, Fernsehen, erst, später, Außerdem, diese, lustige, Serie, sehen, heißt, muss, das, Ergebnis, des, Spiels, wissen, rausgehst, Stress, Wieso, sagst, dass, Sport, ist, weißt, dass, Sofa, Fernsehen

5 b
1 Eine Reise muss sich lohnen.
2 Ich möchte ein Zimmer mit Aussicht auf das Meer.
3 Gutes Essen ist Geschmackssache.
4 Dieses Souvenir gefällt mir.

6
● Weißt du noch, in welchem Saal die Konferenz stattfindet?
▲ Hm. Es war eine Saal mit einer Drei. Dreisehn vielleicht?

Er sagt: Saal
Er meint: Zahl

7 a 1 Zu, Zucker, zwar 2 Zucker, ganz, verzichten, bezweifle, verzichten
3 Zuckerfrei, zieht, zurzeit, sozialen, Netzwerke, Trotzdem, heutzutage, zu, Zucker 4 Zucker, Zähne, Zu, zu

8 a sehr, Erzählen, Semester, Physik, zu, zu, Wechsel, Systemelektroniker, Kurzem, Suche, Zeugnis, gesehen, ausgezeichnet, Kundenservice, sagen, fleißig, zuverlässig, Arbeitszeiten, flexibel, Selbstverständlich

C4

1 a/c 1 Schal, Saal 2 Schatz, Satz
3 schieben, sieben 4 Gesicht, Geschichte 5 Schein, sein
6 gesehen, geschehen 7 Soße, Schoß 8 schätzen, setzen

1 1. Wort 2 1. Wort 3 1. Wort
4 2. Wort 5 1. Wort 6 2. Wort
7 2. Wort 8 1. Wort

b Schatz schieben Gesicht Schein gesehen Soße schätzen

3 a 2 f 3 e 4 b 5 a 6 d

4 a Wegbeschreibung, schwer, Stadt, Ringstraße, Stadion, Spur, automatisch, Spanischen, Stück, Schon, schätze, Straßenbahn

5 a 1 dich 2 München 3 weich
4 löschen

6 a 2 Tellerchen 3 Becherchen
4 Messerchen 5 Brötchen
6 Löffelchen 7 Bettchen

b
1 Wer hat auf meinem Stühlchen gesessen?
2 Wer hat von meinem Tellerchen gegessen?
3 Wer hat aus meinem Becherchen getrunken?
4 Wer hat mit meinem Messerchen geschnitten?
5 Wer hat von meinem Brötchen genommen?
6 Wer hat mit meinem Löffelchen gegessen?
6 Wer hat in meinem Bettchen geschlafen?

7 a 1 neblige 2 stürmisch, stürmischer
3 sommerlich, sommerliches 4 niedrig, niedrige 5 regnerisch, regnerischer
6 freundlich, freundlicher

8 a 1 Buch 2 Sache 3 Nacht
4 tauchen 5 roch

9 a Wie in „ich“: Tagesgerichte, geräuchertem, Züricher, Hähnchen, Milch

Wie in „ach“: Lauchsuppe, Kuchen

10
- ● Wo ist der Ball nur?
- ▲ In der Ecke.
- ● In der Ecke? Nein. Da ist nichts.

Er sagt: Ecke
Er meint: Hecke

11 a heben, Hallo, haben, Herz, Hunderttausend, hat, Hoffentlich

12 a 2 Zehen 3 fliehen 4 leihen 5 nähen 6 Mühe

13 a ... da sitzen drei Spatzen, Bauch an Bauch.
Der Erich rechts und links der Franz
und mittendrin der freche Hans.
Sie haben die Augen zu, ganz zu,
und obendrüber, da schneit es, hu!
Sie rücken zusammen dicht an dicht,
so warm wie Hans hat's niemand nicht.
Sie hör'n alle drei ihrer Herzlein Gepoch.
Und wenn sie nicht weg sind, so sitzen sie noch.

C5

1 a 1 Frieden 2 Umweltschutz 3 Eine gute Wirtschaft 4 Freundschaften 5 Erfolg

c Freiheit ist mir wichtig.
Herausforderungen sind mir wichtig.
Abwechslung ist mir wichtig.
Familie ist mir wichtig.
Finanzielle Sicherheit ist mir wichtig.
Fairer Wettbewerb ist mir wichtig.

2 a 2 b 3 a 4 c

4 b 2 ● Was verbindest du mit dem Wort „virtuell“?
▲ Mit dem Wort „virtuell“ verbinde ich etwas Positives/Negatives.

3 ● Was verbindest du mit dem Wort „kreativ“?
▲ Mit dem Wort „kreativ“ verbinde ich etwas Positives/Negatives.

4 ● Was verbindest du mit dem Wort „Vorsicht“?
▲ Mit dem Wort „Vorsicht“ verbinde ich etwas Positives/Negatives.

5 ● Was verbindest du mit dem Wort „individuell“?
▲ Mit dem Wort „individuell“ verbinde ich etwas Positives/Negatives.

6 ● Was verbindest du mit dem Wort „Großvater“?
▲ Mit dem Wort „Großvater“ verbinde ich etwas Positives/Negatives.

5 a Affe, vorwärts, Verein, aktiv, Gefühl, Physik

6 Gesund und klimafreundlich unter**w**egs sein – das **w**ollen **v**iele. Daher **v**erzichten sie auf ein Auto und fahren lieber mit dem Fahrrad zur Arbeit. Auch in der Freizeit nutzen immer mehr Menschen das Fahrrad. Aber manche **w**ollen es extremer: höher, schneller, **w**eiter soll es gehen. Einige reisen mit dem Fahrrad um die **W**elt. Oder durch Afrika. So **w**ie ein deutscher Student, der nur mit der Kraft seiner Beine und seinem Fahrrad durch 15 Länder fuhr und dabei auf aggressi**v**e Lö**w**en und Soldaten mit **W**affen traf. Andere nehmen an sch**w**ierigen Radrennen teil. **W**ieder anderen geht es um den Kick der Gesch**w**indigkeit. Bei ihren Rekord**v**ersuchen haben ein paar **w**enige Sportler fast 300 Kilometer pro Stunde geschafft. **W**ahnsinn!

7 a 2 c 3 a 4 f 5 b 6 e

b
1 Jedes Familienmitglied hat seine Pflichten.
2 Es klopft an der Tür.
3 Du musst auf diesen Knopf drücken.
4 Würdest du bitte meine Pflanzen gießen?
5 Wogegen sollte man sich impfen lassen?
6 Es lohnt sich, für mehr Gerechtigkeit zu kämpfen.

8 1 Bild, wild 2 Bär, wer 3 Wein, Bein 4 Bäcker, Wecker 5 Witz, Blitz 6 bunt, Wunde 7 wohnen, Bohnen 8 Wald, bald

2 b, w 3 w, b 4 b, w 5 w, b 6 b, w 7 w, b 8 w, b

C6

3 a 1 Violine Klavier Gitarre Flöte
2 Pullover Rock Kleid Bluse
3 lila rosa gelb blau
4 Polen Lettland Italien Österreich
5 Blume Rose Tulpe Lilie
6 Stern Himmel Wolke Planet

b 2 2. Wort 3 2. Wort 4 4. Wort
5 2. Wort 6 1. Wort

4 b 2 ● Hast du schon Urlaubspläne?
▲ Ja. Ich plane einen Urlaub in Deutschland. Ich möchte das Holstentor besichtigen.

3 ● Hast du schon Urlaubspläne?
▲ Ja. Ich plane einen Urlaub in Deutschland. Ich möchte das Rote Rathaus besichtigen.

4 ● Hast du schon Urlaubspläne?
▲ Ja. Ich plane einen Urlaub in Deutschland. Ich möchte Auerbachs Keller besichtigen.

5 ● Hast du schon Urlaubspläne?
▲ Ja. Ich plane einen Urlaub in Deutschland. Ich möchte Quedlinburg besichtigen.

C7

1 a 2 fing 3 sprang 4 hängte/hing
5 klang 6 sang

3 denken, Engel, sinken, bringen, Zunge, Engel, denken, schlank, Zunge

Lösung: Schrank

4 a fängt, Hunger, Finger, Klingel, Dong, trinken, Dank, singen, dunklen, Schinken, Schinken, bringt/schenkt, denkt

C8

1 ● Ich bin so kelug.
▲ Hä? Ich verstehe nicht. Was bedeutet das?
● Na, dass ich intelligent bin.

Der Mann ist klug.

2 a Krankenpfleger Arztpraxis
Schmerzpflaster Blutdruck
Herzschlag Impfstoff Sprechstunde

3 b 2 dankbar 3 trinkbar 4 strafbar
5 furchtbar 6 sichtbar

5 a 1 Freundschaftsdienst
2 Prüfungsstress, Bewerbungsschreiben
3 Geschwindigkeitsbeschränkung, Haltbarkeitsdatum
4 Lebensfreude, Sehenswürdigkeit
5 Qualitätsverlust, Universitätsprofessor

C9

1 a 2 Juli 3 jung 4 Jacke, Hose 5 jobben

b Jahr, Jahrzehnt, Jahrhundert, Jahrtausend, Juni, Juli, jung, Jacke, Jeans, Jogger, joggen, Job, jobben

3 a 1 speziell 2 Dialog 3 möbliert
4 Personalien 5 Aktion 6 Patient

1 j 2 i 3 i 4 j 5 j 6 j

Buchstaben-Laute-Tabelle

Buchstaben	Laute (phonetische Zeichen)	Beispiele
A a **Aa aa** **Ah ah** **A a**	[aː] [a]	• N**a**me • H**aa**re • J**ah**r • **A**rzt
Ai ai (ay)	[aɪ̯], [aɛ̯], [ae̯]	• M**ai**
Au au	[aɔ̯], [aʊ̯], [ao̯]	• H**au**s
Ä ä **Äh äh** **Ä ä**	[ɛː] [ɛ]	• K**ä**se • H**äh**nchen • B**ä**cker
Äu äu	[ɔɪ̯], [ɔy], [ɔœ̯], [ɔø̯]	• B**äu**me
B b **bb** **-b**	[b] [p]	• **B**ett • Ho**bb**y gel**b**
C c	[k] [ts] [s] [tʃ]	• **C**omputer **c**irca • **C**ent • **C**ello
Ch ch	[χ] [ç] [tʃ] [ʃ] [k]	• Bu**ch** i**ch** • **Ch**ili • **Ch**ef • **Ch**arakter
chs	[ks]	se**chs**
ck	[k]	• Ro**ck**
D d **dd** **-d** **-dt**	[d] [t]	**d**anke • Te**dd**y • Gel**d** • Sta**dt**

Buchstaben	Laute (phonetische Zeichen)	Beispiele
E e **ee** **eh** **E e** **e**	[eː] [ɛ] [ə]	● W**e**g ● T**ee** z**eh**n ● B**e**tt tanz**e**n, b**e**such**e**n
Ei ei (ey)	[aɪ̯], [aɛ̯], [ae̯]	● Schw**ei**z
Eu eu	[ɔɪ̯], [ɔy], [ɔoe̯], [ɔø̯]	d**eu**tsch
er	[ɐ]	● Mutt**er**
F f **ff**	[f]	● **F**isch ● Karto**ff**el
G g **gg** **G g**	[g] [ʒ]	● **G**arten jo**gg**en ● Oran**g**e
-g	[k]	● Ta**g**
-gs	[ks]	unterwe**gs**
-(i)g	[ç]	fünfzi**g**
H h **h**	[h] -	● **H**and ● U**h**r
I i **ie** **ieh** **ih** **I i**	[iː] [ɪ]	● K**i**no ● Br**ie**f du s**ieh**st **ih**n ● K**i**nd
J j	[j] [d͡ʒ] [ʒ]	● **J**acke ● **J**azz **j**onglieren
K k **kk**	[k]	● **K**uchen ● A**kk**usativ
ks	[ks]	lin**ks**

Buchstaben	Laute (phonetische Zeichen)	Beispiele
L l **ll**	[l]	● **L**ampe a**ll**e
M m **mm**	[m]	● **M**ilch i**mm**er
N n **nn**	[n]	● **N**ase kö**nn**en
ng	[ŋ]	● Hu**ng**er
nk	[ŋk]	kra**nk**
O o **Oh oh** **oo** **O o**	[oː] [ɔ]	r**o**t w**oh**nen ● Z**oo** ● **O**rdner
oi (oy)	[ɔɪ̯], [ɔy], [ɔoe̯], [ɔ͜ø]	Al**oi**s
Ö ö **Öh öh** **Ö ö**	[øː] [oe]	● **Ö**l ● S**öh**ne ● L**ö**ffel
P p **pp**	[p]	**p**utzen ● A**pp**etit
Pf pf	[pf]	● A**pf**el
Ph ph	[f]	● **Ph**ysik
Qu qu	[kv]	● **Qu**atsch
R r **rr**	[ʁ], [ʀ], [r]	● **R**egen ● He**rr**
-r	[ɐ]	● Natu**r**
S s **ss** **ß**	[z] [s]	● **S**alat ● Bu**s** ● Wa**ss**er ● Fu**ß**

Buchstaben	Laute (phonetische Zeichen)	Beispiele
Sch sch	[ʃ]	• **Sch**ule
Sp sp	[ʃp] [sp]	**sp**ielen • A**sp**iration
St st	[ʃt] [st]	• **St**uhl • Po**st**
T t **tt** **Th th**	[t]	• **T**och**t**er • Bu**tt**er • **Th**eater
-t(ion) **ts** **tz**	[ts]	• Informa**t**ion rech**ts** • Ka**tz**e
U u **Uh uh** **U u**	[uː] [ʊ]	• J**u**ni • Sch**uh** • St**u**nde
Ü ü **Üh üh** **Ü ü**	[yː] [ʏ]	• Gem**ü**se fr**üh** • R**ü**cken
V v	[f] [v]	• **V**ater • **V**ase
W w	[v]	• **W**olke
X x	[ks]	• Ta**x**i
Y y	[yː] [ʏ] [j] [i]	• T**y**p • S**y**mbol • **Y**oga • Part**y**
Z z **zz**	[ts]	• **Z**ucker hei**z**en • Pi**zz**a

Das Trio mit Erfolgsgarantie!

Bildnachweis © Getty Images/E+/Petar Chernaev

Einzigartige Trainingsbücher für Deutschlernende auf dem Niveau B1. Abwechslungsreiche Übungen mit Illustrationen und Lösungen im Anhang sorgen für erfolgreiches Lernen.

Deutsch üben
Hören & Sprechen B1
136 Seiten
Format: 16,8 x 24,0 cm, kartoniert
ISBN 978-3-19-717493-8

Deutsch üben
Lesen & Schreiben B1
112 Seiten
Format: 16,8 x 24,0 cm, kartoniert
ISBN 978-3-19-577493-2

Deutsch üben
Wortschatz & Grammatik B1
224 Seiten
Format: 16,8 x 24,0 cm, kartoniert
ISBN 978-3-19-487493-0

www.hueber.de/deutsch-lernen

Hueber